美眼・美顔

田中玲子の
美点マッサージで

眼精疲労解消！ 目のまわりの小じわ、たるみ、クマ解消！

BAB JAPAN

はじめに

電車の中や飲食店での待ち時間など、暇さえあれば、スマートフォンをのぞき込んでいる人を多く見かけます。実はこれ、近距離の一点を凝視し、体を緊張させて静止したままという、かなり無理をしている姿勢なのです。

そのため、目がショボショボしたり、目の奥が痛くなったりする、眼精疲労をうったえる人がとても増えています。わたしのサロンでも、眼精疲労のお客様は昔からいましたが、せいぜい、全体の30％程度のお悩みに過ぎませんでした。

それが今では、スマートフォンなどによって眼精疲労も形をどんどん変え、若い人たちに増え続けています。その結果、お客様の95％以上が、「なんとかしてほしい」とうったえてくるのです。

目の疲労をそのままにしていると、やがて頭痛や肩こりを引き起こします。目の下のクマや上まぶた、下まぶたのたるみも、最近の眼精疲労と深い関係があります。

これほどまでに現代人が苦しんでいる眼精疲労。しかし、眼精疲労に特化したエステの技術は、今までありませんでした。

エステの現場に立つようになって45年、下北沢にサロンを開いて40年。私はのべ19万人のお客様に施術をしてきましたが、パソコンが普及するようになった30年前から、「こりが変わった」と感じるようになりました。そして、教科書どおりのツボでは対処しきれなくなったのです。

お客様のこりをどうにかしてあげたいと試行錯誤し、その中でたどり着いたのが、従来のツボとは違う、少しずれた位置にあるポイントでした。私はそれを美点と名づけました。美点マッサージの特長は、現代人特有の「ツボ」に加え、筋肉やファシアにまで作用する点です。

この美点を体系化し、25年前からのべ2万人の方々にお伝えしています。中国やベトナムなどのアジア諸国をはじめ、アメリカ、スイス、オーストラリアなど世界のプロたちも学んでくれています。

今回は、現代人のすべてが抱える、といっても過言ではないほどの悩み、眼精疲労の美点に特化し、書籍化することになりました。この技術は、エステだけでなく、整骨院、薬局、理美容など、さまざまなお店で、顧客サービスの一環として提供することができます。

また、力を入れずに効果的に施術できるので、年齢を問わず行うことができます。この施術を学んでくださった最高齢は70代後半。理美容のオーナーさんが習得され、従来のサービスに付加価値をつけることができるようになりました。

眼精疲労に特化した美点は、目が楽になったというだけでなく、くすみやたるみ、クマなど美容面でも改善されたとお客様から好評です。

エステの技術は、いかに顧客にリピートしていただくかがポイントです。

眼精疲労が解消されただけではダメなのです。しわやしみ、たるみまで改善された、というお客様の喜びまで引き出さないといけません。

その技術を、惜しみなく、そして整理して、この本でお伝えしています。

スマホやパソコンなしでは暮らせない現代人を少しでも楽にして差し上げられるように、そしてその技術をしっかり提供できるプロの方がどんどん増えるように、この本がお役に立てば幸いです。

田中玲子の美点マッサージで美眼・美顔　もくじ

はじめに……2

Part 01 眼精疲労は現代人共通の問題！

日本人は、みんな目が疲れている!?……10
眼精疲労は美容にも悪影響……22
眼精疲労にてきめん！ 美点マッサージ……28

Part 02 「世界が変わる！」と絶賛 美点マッサージの効果

目の疲れが取れる……38
目がスッキリする……38
目がパッチリ、大きくなる……39
顔全体の印象が若返る……40
額のしわが取れる……41
細かいしわが解消される……42
深いしわも解消……44
たるみが解消される……45
クマが解消する……46
くすみも解消！……47
頭痛が解消されて頭がスッキリ……49
睡眠の質が上がる……50
ストレートネックも改善される……51
ストレス解消になる……53

Part 03 美点マッサージ【準備】

美点の位置……56
目のまわりのマッサージで気をつけること……58
指の使い方……60
力の入れ具合……62
押す方向……63
塗布する化粧品は？……64
湯と冷水の準備……66

Part 04 美点マッサージ【実践】

クレンジング……68
①温冷タオルを目に湿布……70
②ローションを塗布……72
③目のまわりを軽擦……74
④目頭美点……76
⑤目の上美点……78

⑥目の下美点……80
⑦眉上美点……82
⑧額美点……84
⑨こめかみ上中下美点……86
⑩頬骨上美点……88
⑪首美点……90
⑫生え際耳上美点……92
⑬生え際額美点……94
⑭側頭部美点……96
⑮頭つけ根美点……98
【コラム その1】目のパック……100

Part
05
美点マッサージを取り入れたフェイシャルケア

クレンジング→保水→保湿……102
①首美点……104
②耳下美点……105
③フェイスラインのはさみ上げと二重あごのもみ出し……106

④ かき上げ……108
⑤ 鎮静……110
⑥ 頬骨下美点……112
⑦ 口角美点……112
⑧ フェイスラインをはさむ……113
【コラム その2】フェイシャルケアで注意すること……114

Part
06
自宅でできる美点セルフケア

アフターケアとしてお客様におすすめする……116
セルフマッサージの手順……118
美点マッサージ セルフケア……119〜129
時間がないときの簡単！セルフケア……130〜135
目の輝きを維持する眼筋エクササイズ……136〜139
おわりに……140

Part 01

眼精疲労は現代人共通の問題！

日本人は、みんな目が疲れている!?

生活習慣が変わればツボも変わる

「最近のお悩みは、これまでのツボとは完全に違うポイントでないと結果が出ない」。

そうはっきりと感じたのは、25年前のことです。


そのきっかけになったのは、ひどいニキビの女性のお客様でした。

主訴の一つに、首や肩のこりがありました。それまでなら、首や肩のこりは、首の後ろや肩の背部、上側のケアが主体でしたが、彼女を触ると「首の横から前にかけてがかたいな。今までと同じような技術ではダメだ」と感じたのです。

そこで、胸鎖乳突筋と鎖骨と首のゾーンをしっかりほぐしてあげると、私の中で、「まさにこれ！」という手応えがありました。

それから何回か施術をすると、ニキビが激減し、顔色もよくなっていきました。最終的にはむくみも取れて、フェイスラインもすっきりし、劇的に変化したのです。

この経験から、くすみやむくみ、しみを訴えるほかのお客様にも同じ手法でやってみると、劇的に結果が出るようになりました。振り返って分析すると、心身の過度な緊張から来ているお悩みではないかと気づいたのです。

私のお店のお客様は働いている女性が多く、当時から「パソコン作業ばかりしている」という方が少なくありませんでした。

同じ姿勢で、画面を凝視し続ける。ひょっとしたらパソコンのせいかもしれない、と思い始めました。実際に目のまわりを触れてみると、こわばっています。

教科書のツボと、実際に結果の出るツボが違っているのは、昔にはなかった生活スタイルになってきているからだと確信したのです。

眼精疲労をなんとかしなければ、と思ったのは、ドライアイ、目がショボショボする、頭痛や吐き気までする、と健康面の悩みを持つ人が増えたこと、もう一つは、クマやたるみなど、美容的な悩みを持つ人が増えたからです。人によっては、その両方のお悩みを抱えています。

今では仕事でパソコンがあたりまえになり、スマートフォンも一般化してきました。それに伴い、現代女性の目の酷使からくる問題は、どんどん深刻化しています。

クライアント自身にはわからないかもしれませんが、我々プロのエステティシャンには、触れただけで筋肉が緊張し、かたくなっているのがわかるでしょう。

顔や頭、首、肩の緊張、不眠、頭痛、そういった昔からあるお悩みは今も同じです。ただそこに、**目がショボショボする、目が開きにくい、視力への不安といった、眼精疲労が加わっている状態が特徴的**だと思うのです。

眼精疲労は現代人の大問題。そういっても過言ではありません。お客様だけでなく、施術者自身も感じていると思いますが、次のような症状が見受けられます。

目がかたい

私が触ると、アイホールの骨の内へりまでこわばっている様子がわかります。アイホールの内側には、もちろん眼球があるのですが、ものを見るときに働く水晶体のピントを調節しているのが、眼球にある毛様体筋です。遠くを見るときは毛様体筋がゆるむことで水晶体が薄くなり、近くを見るときは毛様体筋が収縮して水晶体を厚くすることで、遠近のピントを合わせています。スマホやパソコンをずっと見続けると、近くにピントを合わせて毛様体筋が収縮し続けることになります。すると筋肉疲労を起こし、こわばってしまうのです。そのこわばりにより、目がかたくなります。

ただ、非常にデリケートな部分なので、手が相当敏感でなければ、フェイシャルをしているプロにもわからないことがほとんどです。しかし､慎重に触らないとたいへんなことになりかねません。かたくなっているのを感じようと、目を押さえるなどはしないことが大切です。

スマホやパソコンでドライアイに

スマホやパソコンをしていると、画面を凝視して瞬きの回数が減ります。目の表面の粘膜は、涙による水分で潤いを保っています。瞬きは、ワイパーのように動いて、眼球に一定の潤いを行き渡らせる働きがあります。この動きをすることで、また涙腺が刺激を受け、涙が分泌されます。涙は目の表面を潤すだけでなく、目に栄養を与える働きもしているのです。

しかし、スマホやパソコンをずっと見続け、瞬きの回数が減ってしまうと、涙の分泌量が減り、粘膜が乾いてしまいます。その結果、ドライアイになるといわれています。

ドライアイで目の表面が乾くと、目に傷がつきやすくなったり、目が乾燥して痛くなったりします。また、目がゴロゴロする、光をまぶしく感じる、充血するなど、目の不快感が増します。

実は、寝ている間、涙は分泌されないので、いちばん乾燥するそうです。朝起きて、痛くて目が開けられない状態にまでなると、かなり重症です。

私のサロンにもドライアイのお客様は増えていますが、日本眼科学会によると、オフィスで働く方の3分の1がドライアイだそうです。**ドライアイは、眼精疲労の重大な症状**といえますね。

目がショボショボする

最近、「目がショボショボする」とうったえるお客様が増えています。

目がショボショボするというのは、目が開きにくい、目が疲れやすい、また目がかすんでよく見えなくなるなど、目を使うほど不快感を覚える状態です。これもドライアイによる症状の一つだそうです。そのままにしておくと、ひどい眼精疲労にもつながります。

目のまわりの筋肉が緊張する

ずっと目を使っていると緊張し、ストレスが高まります。目の前のスマホやパソコンなど、同じものを同じ姿勢で見続けるために目のまわりは緊張状態が続きます。

遠くを見たり、いろいろな表情をしたりすることで、目のまわりの筋肉も緊張したり、ゆるんだりと、刺激が適度に起こります。しかし、表情も変えずに、スマホやパソコンのモニター画面を凝視すると、目のまわりの筋肉、眼輪筋の緊張状態が続き、こり固まってしまうのです。筋肉がかたくなることで、血行が悪くなり、老廃物も溜まります。目が開きにくくなったり、疲れやすくなります。

モニター画面の長時間使用で視力が落ちる

目を使う際は、目のまわりの眼輪筋や、ものを見るときに水晶体のピントを調節する毛様体筋など、眼球以外にさまざまな部位を総動員しています。

しかし、スマホやパソコンのモニター画面を見るときは、一定の距離だけを長時間見ることになります。それは、ずっと同じ筋肉しか使わないということです。近距離を一点だけ凝視すると、先にお伝えしたように、毛様体筋や視覚にかかわる神経が緊張します。すると、ピント調節機能が下がり、視力が落ちてしまうのです。目を酷使すると、目のまわりがかたくなりますが、眼球自体もかたくなり、目が突出してきます。眼球の丸みも変化してきます。本来なら、近くを見たら遠くを見るなどして、ゆるめる必要があるのです。

眼精疲労がひどいと頭痛に

今、頭痛に悩む方が増えています。**頭痛も、眼精疲労を放置した結果**が、原因の一つではないかと思っています。ずっと同じ姿勢、同じ距離でものを見つめることで、目だけではなく、首や肩の筋肉もこり固まります。頭の重さは、体重の約1割といわれます。それだけの重さを、細い首が支え、さらに肩が支えているのです。筋肉が緊張し続け、固まると、血行が悪くなり、頭部に酸素が行き渡らなくなることで頭痛を引き起こします。

眼精疲労による頭痛の場合、最初は、目の奥が痛いというお悩みから始まることがよくあります。その後前頭部が痛くなり、やがて頭の後ろでガーンという痛さになります。

長時間仕事をするのはつらい。でも仕事をしなくてはいけない。それで対症療法的に、頭痛薬を飲むのです。ただ、痛みは解消されても、眼精疲労とそこから来る不調は解消されていません。そのうち、「どこが痛いのかわからない。たぶん頭全体が痛い……」となります。ですから、「なんとなく目の奥が痛い」「後頭部のあたりが痛い」と感じ始めたときから、眼精疲労は始まっていると思っていいでしょう。

まだまだある眼精疲労に関係する不調

眼精疲労が進んで、とてもゆううつな気分になる人も少なくありません。

ＶＤＴ症候群という病気があります。ＶＤＴとは、「Visual Display Terminals」の略で、パソコンやスマホ、テレビ、コンピューターゲームなどの画面を長時間見続けることで、眼の疲労だけでなく、そのほかの身体、また精神的にも疲労を感じる病気です。同じ姿勢をとり続ける結果、身体的には、肩や背中、腰を痛めたり、ひどくなると腕がしびれたりします。さらに、精神的には、疲労感からイライラしたり、めまいや吐き気がしたり、抑うつ状態になったりするのです。

パソコンなどを使った事務作業は、紙に書く作業と比べ、モニターを見たり、書類を見たりと、目をあちこちに動かします。明るいモニターから紙に目を落とすと、明るさがまったく違うなど、目を相当酷使しています。

そういうことを考え合わせると、ビジネスパーソンの方々は、眼精疲労になりやすい環境で働いているといえます。

また、寝る直前までスマホを見ている人も多いと思いますが、これもモニターの光源により、目の交感神経が活発に働いて、眠りに入りにくくなります。寝付きが悪くなり、うつらうつらし始めてもすぐ起きてしまう。眠りが浅く、熟睡できないのです。眠れないから体が休まっておらず、慢性疲労も引き起こしてしまいます。

目の酷使による眼精疲労は、目だけの問題ではなく、全身にも不調が波及してしまいます。よって、眼精疲労は放っておいてはよくないと思うのです。

眼精疲労は美容にも悪影響

目のまわりの疲労は、もちろん美容にも大きな影響を与えます。目のまわりの筋肉がこわばってあまり動かないようになってしまうと、表情が乏しくなりますし、目も小さく見えてしまいます。

美容における大きな影響は次のようなことが考えられます。

目の下の小じわ、たるみの原因に

目のまわりのたるみやしわ、くすみをうったえるお客様は、以前に比べて圧倒的に増えました。以前であれば、目のまわりのたるみに悩むのは40代以降が多かったのです。もちろん、くすみを感じている40代のお客様の数は今も変わりません。ところが、「昔はこの年齢では悩まなかったな」というような20代の若い方も相談に来られることが多くなりました。

パソコンやスマホの画面をずっと凝視していると、姿勢も変わらなければ、顔の表情も動かさなくなります。顔の筋肉は、表情を変えることによって適度に刺激が与えられ、筋肉が柔軟になります。**筋肉を動かさなくなれば筋肉がかたくなり、柔軟性が失われてしまうのです。それが目の下の小じわやたるみに響く**ことがあるのです。

目が小さくなる（目元がぼやける）

パソコンのモニターを見続けて、目は開きっぱなし。これは目の動きに関わるさまざまな部位が緊張状態であるということです。

すると、目を開閉するまぶたの筋肉が、眼精疲労から弱くなり、自然と目の開きが悪くなります。結果として目は小さくなります。しっかりと見開いた目はイキイキと輝き、印象も強くなりますが、目の開きが悪いと目元の印象が弱くなり、顔全体もぼやけて見えます。

筋肉というのは、使いすぎても老化しますが、使わなすぎても老化します。ほどよく使っているのが、もっとも老化しないのです。

仕事やプライベートでパソコンやスマホを見続ける状態というのは、強く緊張させた一つの状態を続けているということです。それは、筋肉を使いすぎているのです。けれどその一方で、静止させているので、使っていないということにもなる。複雑な状態です。

そのため、**目やまわりの筋肉の使いすぎによる眼精疲労が起こり、その一方で表情筋を使わないことで起こる顔のたるみなどの影響が出てしまう**のです。

人間にとって、肉体の静止状態を続けることはあまりいいことではありません。寝ていても、寝返りを打ったほうがいいように、人間は動いているから健康でいられるのです。

まぶたが垂れやすくなる

目を開けっぱなしにすることは、上まぶたの疲労につながります。しかも、決していい疲労ではありません。まぶたの皮膚の下には眼輪筋、その下には眼窩隔膜《がんかかくまく》があります。上まぶたが開くとき、さらにその下の層から目の奥にある眼瞼挙筋《がんけんきょきん》が働きます。目を開いている間、これらの部位が関係しますが、瞬きの回数が減って開きっぱなしの状態により、酷使されることになります。

しかも、まぶたの皮膚は非常に薄く、まぶたの筋肉は目の表情を多彩にする繊細な動きを可能にしています。

これらの筋肉や膜が疲労することでハリがなくなり、まぶたの開きにくさにもつながります。

眼瞼下垂

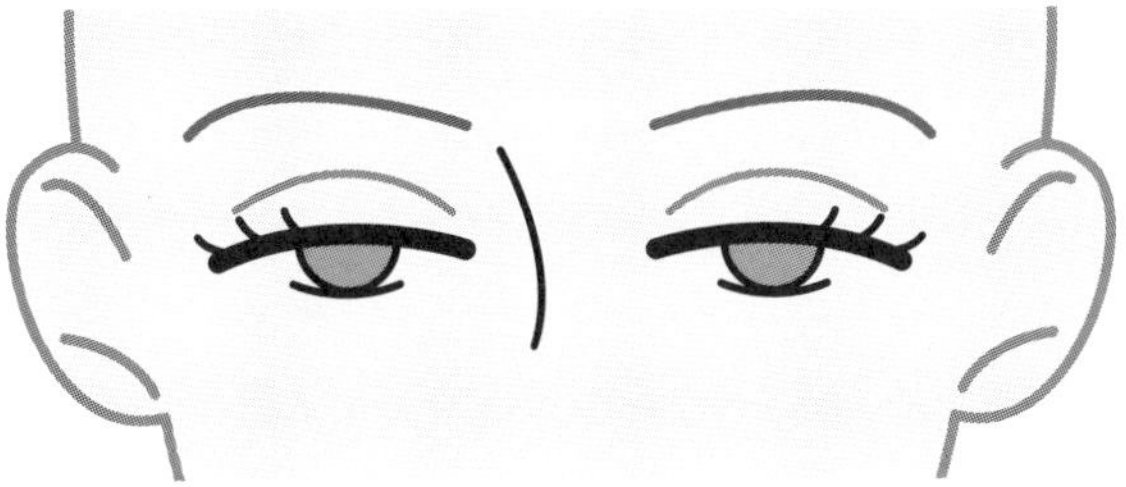

目のまわりの小じわ

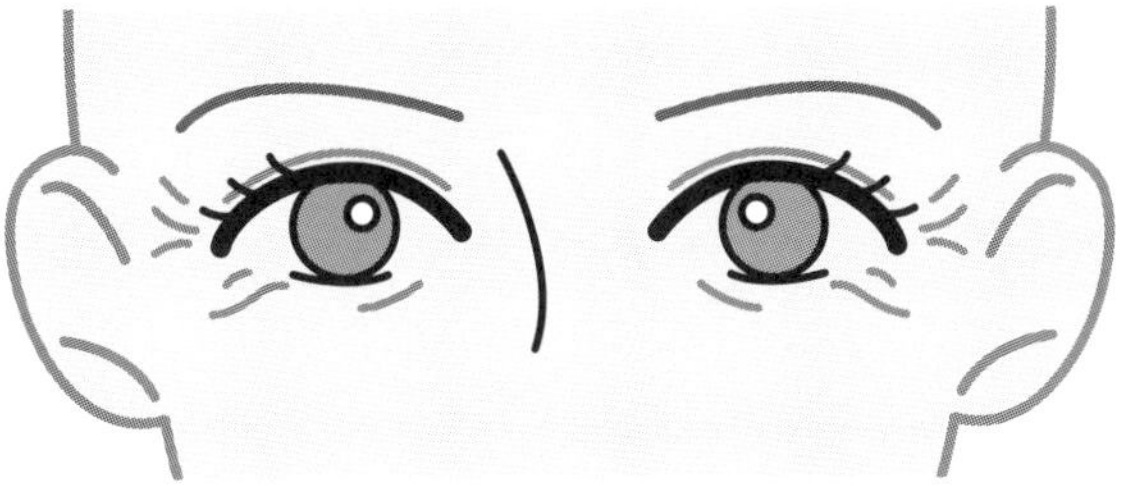

目の下のクマ

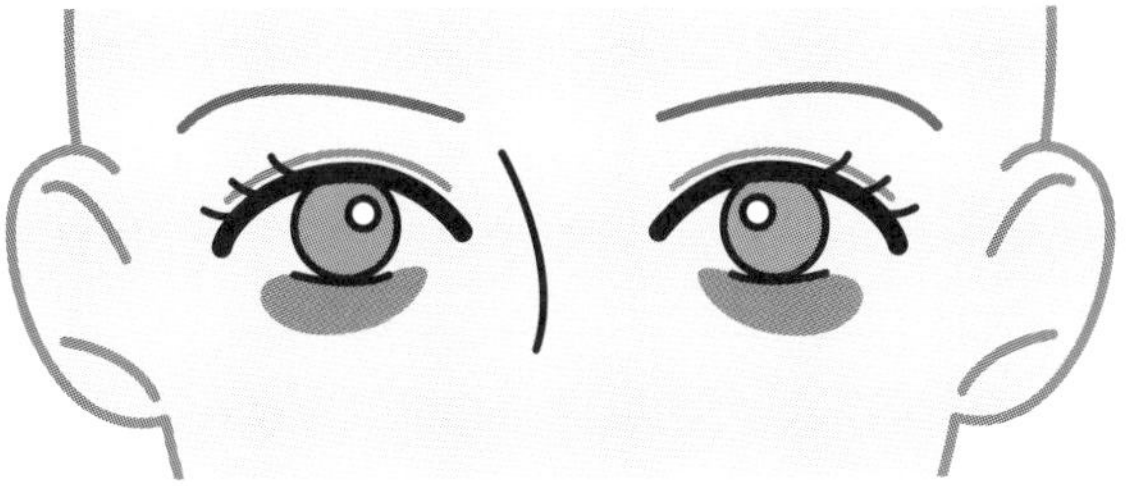

クマができやすくなる

目のクマに悩むお客様は、以前から年齢を問わずいました。しかし今は、特に10代の後半から悩み始める人が増えているのが特徴的です。結果として、クマ対策の要望は増加しています。

クマは目の下にできるのが一般的ですが、血流が滞ることによる目のクマは目の下だけでなく、目の上にもできています。気づきにくいかもしれませんが、眼精疲労によって血流が滞っているのが解消されれば、目の上のクマも取り除かれ、目の印象が全体的に明るく変わるはずです。

ところで、よくいわれることですが、**クマには黒く見えるクマ、青く見えるクマ、茶色に見えるクマがあります**。黒いクマは影によるもの、青いクマは血管が透けていることによるもの、そして、茶色いクマは色素が沈着していることによって起きるものです。

黒いクマの影は皮膚のハリが失われてたるみができ、それが影を落とすことで黒く見えます。たるみは加齢によってもできますが、眼精疲労は肌の老化も進めます。いつまでも肌を若々しく保ち、眼精疲労を解消すれば、たるみもできにくくなります。

青いクマは眼精疲労で目のまわりの血流が滞ると見えやすくなります。寝不足や疲労で目の下にクマができるというのは、この青いクマです。目のまわりは皮膚が非常に薄く、デリケートです。眼精疲労を起こすと、皮膚の下に張り巡らされた血管の流れも悪くなり、青っぽく見えるのです。

茶色のクマは2とおりあります。一つは、皮膚の乾燥によってできた小じわに、光が乱反射してできる影。目のまわりの皮膚は非常に薄く、デリケートです。乾燥しやすい場所なので注意が必要です。もう一つは、血行不良による色素沈着。これこそが、目をあまり動かさず、緊張状態が続くことで血流も悪くなる眼精疲労が原因になることが多いのです。

顔全体がたるみやすい

眼精疲労によって、筋肉がかたくなると、目のまわりだけでなく、顔全体にも影響が及びます。

眼精疲労の人と、深いほうれい線に悩む方は、しばしば重なっています。一点を凝視しているため、表情がなくなり、表情筋もあまり使われなくなっていきます。使われなくなると、当然表情筋が衰え、顔全体もたるんできます。

眼精疲労にてきめん！ 美点マッサージ

古来のツボと現代のツボ

ツボとは、約２０００年前に中国で生まれた、中医学や鍼灸で扱われる概念です。経絡という身体上を流れる気のルート上に存在し、経穴ともいわれます。このツボを刺激することで、身体の不調や筋肉のこり、痛みなどが緩和されるとして、重要視されてきた伝統医学です。日本にも6世紀ごろに中国から伝えられ、現代も鍼灸が盛んに行われています。また、２００3年には、ＷＨＯによって、鍼灸治療で用いるツボの標準化が定められ、有力な伝統医学として世界的にも認められました。

こうしたツボは「古来」のツボといえるでしょう。ツボが誕生した２０００年前から、第二次世界大戦までは、多くの人が、田畑を人や動物の手で耕し、人間たちの手で建造物を作るような、肉体労働に携わっていました。家事をするにしても、水汲みも洗濯も炊事も掃除も、すべて手作業でした。身体を酷使するがゆえ、昔の人は、筋肉や関節などに痛みや不調を抱えていました。その疲れを癒やすのに適していたのが、古来のツボだったのです。

ところが、私はこの30年間、古来のツボでは現代人の悩みは解消されないと気づいたのです。戦後の復興期から50年、電気製品も車も、あっという間に庶民に普及しました。多くの人が、肉体労働からデスクワークへと移行し、農業も工業もあらゆる分野で機械化されました。歩かずとも、誰もが車や電車で楽に移動できるようになりました。家庭には洗濯機、炊飯器、掃除機などが備えられ、指先一つで家事ができるようになったのです。

さらにこの20年の間に、デジタル化の波が押し寄せてきました。すべての仕事がデスク上のコンピュータで収まるのです。いまでは老いも若きもスマートフォンに夢中。どこにも行かなくとも、誰とも会わなくとも、他人の、あるいは世界中の情報が、手のひらの操作だけでわかるようになったのです。50年の間にこれだけ進化した時代というのは、歴史上なかったことだと思います。

しかし、一心不乱にパソコンのモニターやスマホを見つめる生活は、息をつめて身体を静止させる、全く新しい体の使い方を生み出すことになりました。ましてやスマホは画面も小さく、揺れる電車の中で見れば、画面が動きますので、目がそれを追うことでよけい疲れます。

動かないようにするために身体を使い、同じ距離を凝視して目を酷使し、あるいは微妙に揺れる画面を追いかけるなど、筋肉も神経も緊張しっぱなしになったのです。労働による筋肉の疲れをほぐすのではなく、緊張による不調をほぐす。そのためのツボは、古来のツボでは対応できません。だから、**現代のツボが必要になったのです。それを私は美点と名づけました**。

一定の距離を見つめてこってしまう昨今の眼精疲労であれば、「目頭美点」や「目の上美点」のほうがより作用すると感じています。私が探しあてた美点は、古来のツボより少し奥だったり、押す位置や方向が微妙に違ったりするのです。


美点で眼精疲労にアプローチする場合、眼球そのものではなく、目のまわりや頭、首を施術します。たとえば「頭のつけ根美点」は、視神経に作用する美点なので、そういうところがほぐれると、視力を調整する神経がスムーズに働きます。すると、急にはっきり見えるようになったり、頭の筋肉の緊張がほぐれて楽になる感覚が得られたりするのです。

美点を押すと目が変わる！

眼精疲労解消の美点マッサージを行うと、「うわー、目が開けやすい」「視野が広がった」「明るい」と、皆さん必ずおっしゃいます。

美点を押すと、筋肉の緊張がほぐれ、血行がよくなります。まぶたのたるみやむくみが解消されて、目がぱっちりと大きく開くようになります。水晶体のピント調節機能をつかさどる筋肉も柔軟性が戻ります。ぼやけて見えていた対象にもきれいにピントが合うようになり、視界もきれいに明るくなります。

私の経験では、近視や眼精疲労の人は、なぜか眼球がかたい印象があります。眼球をマッサージすることはありませんが、施術の際、フェイシャルで目のまわりに美容液を塗布したり、目の際の美点にアプローチしたりする際に、そっとまぶたに触れることもあります。そういうとき、眼精疲労を訴える人の眼球は「かたいな」と感じるのです。ところが、目のまわり、首、頭の美点マッサージを行うと、眼球もある程度弾力が戻る感覚があります。**美点マッサージによって筋肉がゆるみ、血行がよくなることは、眼球そのものにも影響を与えているのではないかと感じています。**眼球の弾力を取り戻すと、「目がスッキリする」「視界が明るくなる」「目のまわりのこりや不快感が解消されて楽になる」とおっしゃいます。見え方や気分にも変化があるようです。

緊張をほぐして副交感神経を優位にする

至近距離でスマホやパソコンなどのモニターを凝視し、目を酷使しているということは、目のまわりの筋肉や、ピント調整をつかさどる筋肉が完全に緊張しています。そして自律神経も、交感神経が優位になったままなので、何もしなければ、眼精疲労は取れません。

眼精疲労が取れると、緊張状態がゆるみ、副交感神経が優位になります。体の疲れも神経の疲れも取れるので、芯からリラックスできます。そのことでさらに副交感神経が優位になり、またリラックスでき、好循環が生まれます。

それが如実に影響するのが睡眠です。目や肩など身体が楽になると、気持ちも楽になります。気持ちが楽になると、自律神経や身体全体も楽になります。心と身体が相互に影響し合っているのです。眼精疲労が積み重なって引き起こされた頭痛やゆううつ感、不眠も解消されていくので、美点マッサージを受けたお客様は、「久しぶりによく眠れた」と報告してくださる方も少なくありません。

頭痛薬がいらなくなったお客様もいます。大学卒業後、8年近くシステムエンジニアをしていた30歳の女性。始終パソコンを眺め、出張もあり、常に頭痛に悩まされていました。月曜日から金曜日まで市販の頭痛薬をずっと飲んでいるというので、「飲みすぎはダメ」とたしなめると、飲まずにいられないというのです。土日は身体を休めるために頭痛薬は飲まないで我慢するそう。そうすると頭痛がひどくて一歩も外出できず、一日中家の中でグダグダしているという生活でした。そこで私のサロンに通うようになったのですが、眼精疲労解消の美点を施術するようになると、かなりスッキリするようで、「初めて薬を飲まずに一週間過ごせました」と言ってくれました。

眼精疲労からくるお悩みは苦しいもの。**目の疲れは、目の不調に留まらず、目のまわりから顔全体に影響を及ぼし、頭痛、肩こり、そして身体全体の不調に及びます。**だから、眼精疲労解消の美点による施術で、「人生が変わった」と喜んでくれる方が多いのです。

眼精疲労解消の美点にアプローチする意義

眼精疲労解消の美点を押すことには、次のような意味があります。
まず、**緊張した筋肉をほぐす。**そのことで、筋肉に弾力が取り戻せます。これがいちばんの目的です。ほぐれることによって、血行がよくなります。血行がよくなると、体のすみずみに新鮮な血液が運ばれ、同時に溜まった老廃物も流れます。

血液は人間が生きていくうえで絶対不可欠の要素です。まず動脈が栄養や酸素を身体中に運んでいます。そして、静脈は老廃物を流す役割をしています。老廃物を流す役割の割合は、静脈が90％で、リンパは10％です。血液がいかに栄養の補充と老廃物の排除に役立っているかということがわかります。

血液の流れが良好であることは、健康を維持するためにも大切なことなのです。ところが、身体をあまり動かさない現代のライフスタイルは、昔に比べて運動不足であるといえます。運動不足は血行不良を招くといわれていますので、老廃物も滞りがちで、栄養や酸素も十分行き届かない可能性もあります。

美点は血液もリンパも流れがよくなるルートを作る施術です。目のまわりや顔にも筋肉はありますので、美点マッサージによって筋肉をほぐすことができます。筋肉が柔軟になると、血流もよくなります。そして、筋肉をほぐすだけではなく、皮膚の深部も無理のない程度に押すので、皮膚の弾力も取り戻します。健康が取り戻せるだけでなく、若々しさをキープしたいという女性の悩みにも役立つのです。

現代の生活によって生み出されたこりは、昔のツボでは到達できませんが、**現代のこりに合わせた美点というのは、現代の生活から生まれたお悩み解消に適した解決法です。**特にまぶたや目のまわりは皮膚も薄く、眼球もありますので、施術には気を遣うべきところです。

目は現代の悩みを解消する重要なポイントであるにもかかわらず、いままで有効なメソッドがありませんでした。そこで私は、45年間エステティシャンとして現場に立ってきた経験と、30年以上の時間をかけて発見した美点、この二つの実践と知識を融合して、ピンポイントで悩みに対応でき、即効性のあるメソッドを構築したわけです。

ＡＩなどによって、今後さらに日常のデジタル化が進み、生活習慣が変化していくことが予想されます。そして、ますます現代人は忙しくなり、眼精疲労に悩む人も増えるでしょう。現代のツボ、美点でなければ対応できないケースも想像以上に出てくると思います。そしてプロフェッショナルたちは、健康も美容も、即効性とピンポイントの悩み解消が求められるはずです。

まずは**今いちばん必要とされる美点、なかでも眼精疲労解消のテクニックを覚えておくことは、現代のお客様のお悩みに非常に役立ち、とても喜ばれるツール**となります。それだけでなく、**美点のメソッドは、これからの時代を生き抜く美容やセラピーのプロたちの心強い味方になる**と思います。

Part 02

「世界が変わる！」と絶賛 美点マッサージの効果

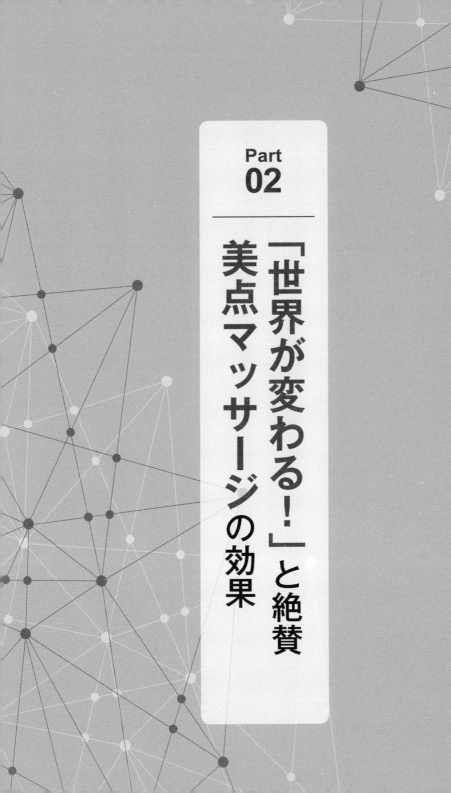

目の疲れが取れる

目は非常に繊細で複雑な器官です。細胞は常に新陳代謝しているので、十分な栄養も届けなくてはいけませんし、老廃物も排除しなくてはいけません。

しかし、スマホやPCモニターなどを凝視して目を酷使すると、目のまわりの深い筋肉が緊張し、血行も悪くなります。そこに疲労物質が蓄積して、疲れを感じるのです。

そこで、**適切な美点を押すと、目のまわりの筋肉がほぐれ、眼球を支えている筋肉にもむだな緊張がなくなります。「目頭美点」と「目の上美点1」が代表的な美点です。**筋肉がほぐれると、血行がよくなるので、溜まっていた疲労物質が流され、眼球にも、眼球を支える筋肉にも、新鮮な酸素や栄養が届けられます。こうして、目の疲れが取れます。

目がスッキリする

手元のスマホやパソコンモニターをずっと見ていると、遠くを見たときぼやけて見えたり、目がかすんできたりします。また、なんとなくこめかみなどの目のまわりの筋肉が重く感じられたりして、ものを見るのがつらくなります。しっかり見ようとすればするほど、筋肉に疲労物質が溜まって、目のピント調節機能がスムーズにいかなくなることが考えられます。

普通のツボでは届かない刺激も、**美点マッサージなら目を支えている深部の筋肉に届く**ので、疲労物質が流され、まず爽快感を感じられます。そして、遠近を見る目の調整もスムーズになり、眼球そのものにも弾力が戻ります。すると、目のかすみも解消され、遠くのものも見やすくなります。目のまわりの疲労物質も取り除かれるので、目が開けやすくなり、視野が広がります。こうした爽快感とクリアな視界によって、すっきりしたと感じられるのです。

目がパッチリ、大きくなる

仕事でいつもパソコンを使う人は、「目元のはれぼったさが治らない」と、慢性的なまぶたのむくみで悩む人も少なくありません。これは、目を開きっぱなしにしてモニターを凝視すると、目をあまり動かさないので、目のまわりが血行不良になっているということです。そのため、よけいな水分や老廃物が溜まって、はれぼったく、むくんだ状態になってしまうのです。目を開くのも、重く感じられることもあります。

このお悩みに作用するのが**「目の上美点」**です。**目の上美点は、アイホールの内へりにアプローチするので、一般的なフェイシャルエステよりかなり深い部分を刺激します。**血行がよくなり、老廃物が流され、むくみが取れます。すると、**目が開けやすくなるだけでなく、目がパッチリ、大きくなります。**

目が大きくなると、**目の輝きが増し、目力が強くなるので、明るい印象**に変わります。施術が終わったら、あまりの自分の見た目の変化に驚かれるお客様も少なくありません。パッチリした目は、生命力を感じられる魅力にもつながりますので、女性にとっては重要なポイントです。

顔全体の印象が若返る

眼精疲労を起こすと、顔全体にも影響し、どこか疲れたような、老けた印象になります。顔全体にくすみも出やすく、肌のツヤ感がなくなります。目が小さくなるだけでなく、目そのものもドヨーンとして力がなくなり、生命力や意志も感じられなくなります。表情に「勢い」がなくなるのです。目のまわりのしわやたるみも目立ち、実年齢より上に見られることもよくあります。常に目のまわりが重く、首、肩も常にこっているので、いつもスッキリしない気分です。

美点によって眼精疲労を解消すると、目はパッチリとして目力が戻り、目に表情が戻ってきます。目元もしわやたるみが解消されるので、若々しさが戻ります。目や目元が変わるだけで、顔全体が生き生きとして若返るのです。しかも、**慢性的な首、肩、頭のつらさも解消されて気分もよくなる**ので、受ける印象もかなり軽くなります。こうした雰囲気もまた、若返りの大事な要素です。

額のしわが取れる

額のしわは、年齢を感じさせる要因の一つ。しかも、30代くらいから額に深いしわが刻まれていることもあり、フェイシャルを受けるお客様のお悩み上位に入ります。ただ、普通のマッサージや美容液をつけるくらいでは、なかなか薄くなりません。なぜかというと、額のしわも眼精疲労と深い関係があるからです。

一般的に目を開けるときは、まぶたにある眼瞼挙筋を使っています。しかし、眼精疲労が進むと、まぶたの眼瞼挙筋も疲労して、目が開きづらくなります。そこで、眉から額にかけての前頭筋という筋肉を代わりに使うようになります。

前頭筋は、目を大きく開けるときに使う筋肉です。眼精疲労の人は、眼瞼挙筋が疲労して、目が開きづらいので、前頭筋を使うようになります。すると、今度は前頭筋が疲労して、おでこのしわになってしまうのです。

エステでも修正するのが難しいおでこのしわですが、美点ならアプローチできます。**額にも、前頭筋の上に「額美点」という美点があります。額美点は9か所あり**、指先でしっかりとらえてほぐします。すると、筋肉の緊張が解け、血行もよくなり、弾力が戻ります。額美点のマッサージを続けていくと、額のしわがだんだん薄くなっていくのです。

細かいしわが解消される

40代に入ると急に、目や口のまわりに、細かいしわが目立ち始めます。ちりめんじわ、あるいは乾燥小じわといわれることもあります。

こうした細かいしわは、一番外側の皮膚、つまり表皮で発生しています。この主な原因は乾燥です。潤いが不足すると肌表面のしなやかさが失われ、表情の変化によってしわができやすくなるのです。特に目は、まばたきや笑顔などよく動かすため、目尻や目の下などに細かいしわができやすくなります。

対策法としては、**保湿が重要**になります。乾燥によって、表面の角質層に含まれる細胞間脂質が失われ、しわができやすくなります。まずは**角質層に浸透する化粧品を塗布する**こと。そして、**眼精疲労に働きかける美点をマッサージして血行をよくする**こと。**外側と内側からのケアをしてあげる**ことが大切になります。

美点によって目のまわりの筋肉がゆるむと血行がよくなり、すみずみまで新鮮な血液が行き届きます。角質層は潤いを取り戻してしなやかになり、化粧水や美容液などの吸収もよくなります。美容液などを補填《ほてん》すれば、皮膚はふっくらとして、皮膚表面の乾燥も解消され、ハリが生まれます。

深いしわも解消

表情を動かさずに、眉間にしわを寄せてパソコンのモニターを凝視していると、深いしわができます。これは表情じわと呼ばれ、深いしわの一つです。深いしわは、年齢がさほど高くなくても生じてしまいます。これが、グッと老けさせて見える要素です。

深いしわとは、真皮層にできたしわです。肌表面にある表皮のさらに奥には真皮層があります。真皮層は、コラーゲン、エラスチン、ヒアルロン酸、線維芽細胞から成り立ちます。真皮層の役割は、真皮内の毛細血管により、肌に栄養と酸素を届けることです。また、肌のハリのもととなるコラーゲンは、線維芽細胞から作られますが、加齢によってコラーゲンの産生量が減って、深いしわができやすくなります。コラーゲンを外から塗布したらいいのではないかと思われるかもしれませんが、一般的な化粧品は表皮までなら届きますが、真皮には届きません。コラーゲンも分子が大きすぎるため、実は真皮には到達しないのです。

深いしわに対する美点へのアプローチとしては、真皮よりさらに深いところに働きかけて、筋肉の弾力を取り戻すケアになります。筋肉の緊張をほぐすと血行がよくなり、老廃物は流され、栄養素も行き渡ります。すると、筋肉は再構成されて、弾力を取り戻し、しわやたるみも徐々に解消されていくのです。これまでのエステの技術では非常に時間がかかっていたケアですが、**美点を使うことによって深部を刺激し、かなり時間短縮して結果を出す**ことができます。

たるみが解消される

たるみの要因は、老廃物の蓄積と、筋肉の緊張による弾力の衰えです。

ボディを施術するときは、筋肉の付着部を意識しながら、ほぐしたり、伸ばしたりする

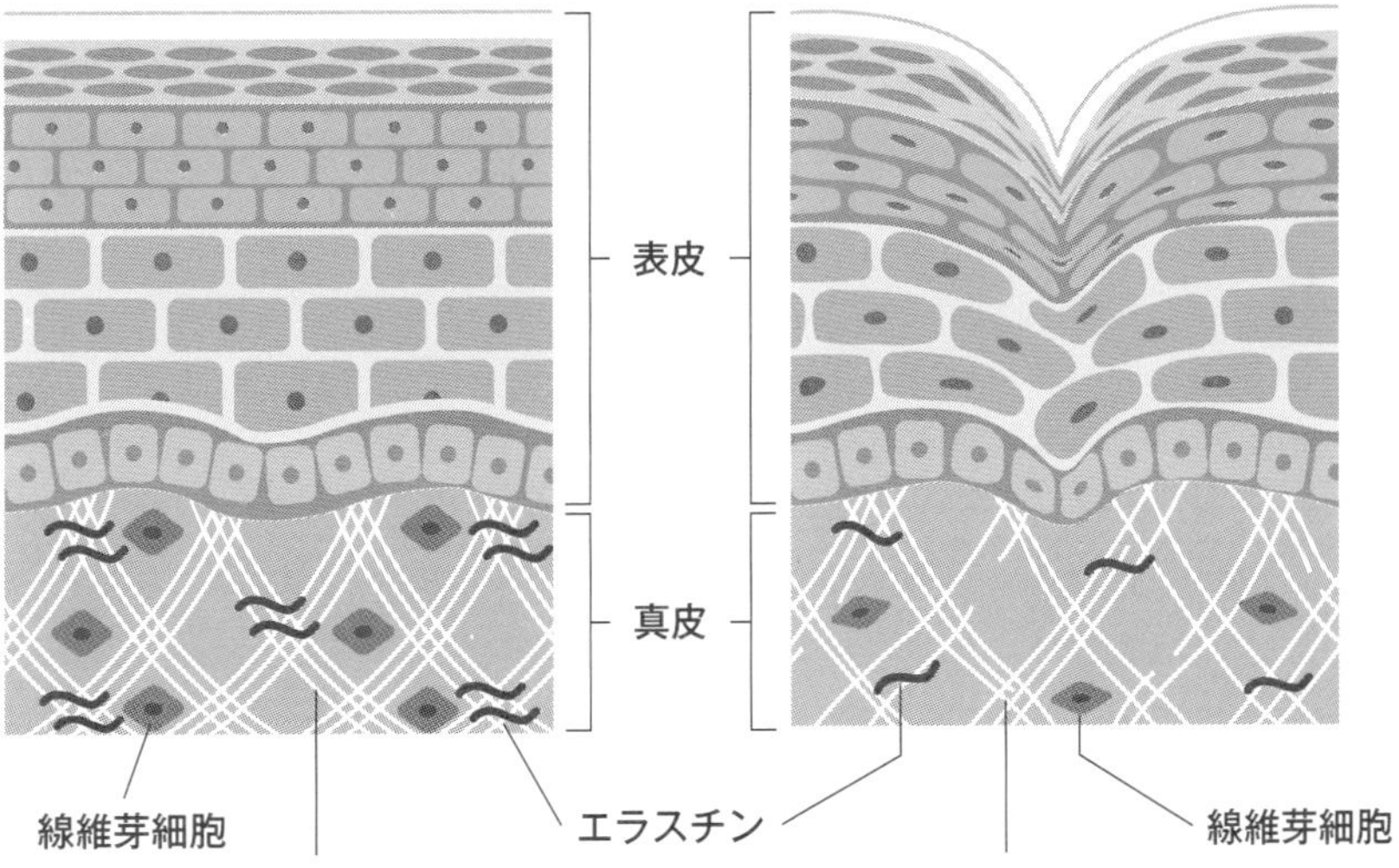

でしょう。顔の筋肉はボディに比べれば小さく、感じ取りにくいかもしれませんが、触っていると、必ずフワッとほぐれる場所がところどころにあります。たるみにアプローチする美点も、解剖生理学をふまえた筋肉上のポイントだと思ってもらえればいいでしょう。

美点マッサージは筋肉をほぐしますので、まず血行がよくなります。そのことによって老廃物を流していきます。また、**たるみの原因となる筋肉の緊張をほぐせば、弾力が取り戻せます。**これだけでたるみが解消されますので、美点にアプローチすれば非常にスムーズです。

クマが解消する

目の下は、皮膚が最も薄く、毛細血管が集中しており、クマがもっとも出やすい部位です。目の下のクマは、化粧品だけではうまく解消できません。ほとんどのクマは皮膚の表面だけの問題ではなく、血行の滞りが原因です。

また、血液は赤いので、本当は赤く見えるはずですが、皮膚の角質層が凸凹になっているため乱反射して、光の屈折率で青く見えます。こうして、青いクマや茶色いクマが生じます。茶色いクマはさらに、長く血行不良を起こしているために、色素沈着を起こしている場合にも生じます。

そこで美点の本領発揮です。**美点を刺激し、血行を促すような化粧品を補助的に使うことで、血行がよくなります。また、ピーリング剤を使って、皮膚の角質層の乱れを少し取り去ると、青いクマはもちろん、茶色いクマも解消できる**場合があります。ただ、目の下は皮膚が薄いので、ピーリングは細心の注意が必要です。

くすみも解消！

クマでお悩みのお客様は、血行不良で目の下だけクマが出るケースが多かったのですが、最近では上まぶたまでクマが出るケースも増えてきました。これを目のまわりのくすみといいます。ちょうどパンダのように、目のまわりが全体的にくすんでいるのです。

茶色くくすんでいるのは、メラニン色素の沈着が考えられます。目のまわりの皮膚は繊細なので、メイクやメイク落としなどで強くこすったり、ひっぱったりすると、負担がかかって色素が沈着している場合があります。

青くすんでいるのは血行不良が原因と考えられます。睡眠不足、目の使いすぎ、ストレス、疲労、冷えなどが理由です。特にスマホやパソコンの見すぎで目を酷使すると、目のまわりの筋肉まで疲れてきて、血行不良を起こし、皮膚の弾力が失われてきます。

また、加齢によるたるみや、痩せている人は眼窩にくぼみができ、目のまわりに影ができることで黒くくすんだように見えることもあります。

目のまわりのくすみは、若い人でも悩む人はいますが、基本的には目が疲れている60代の女性に多い現象です。60代の方もどんどんスマホを使っていますから、昔に比べて眼精疲労が増えているのだと思います。

こうしたお悩みにも、美点は解消することができます。**美点をマッサージすることで、血行が改善、老廃物も流されて、青いくすみは健康的な肌色に戻ります。**また、血行がよくなると皮膚も柔らかくなり、目元の美容液の浸透もよくなります。茶色いくすみも皮膚の色が明るくなることで、徐々に目立たなくなります。**たるみに働きかけられればたるみも改善されて**、目のまわりの深い影も和らぎます。

セラピーワールド東京2024

会場 **東京都立産業貿易センター浜松町館**
東京都港区海岸1-7-1　東京ポートシティ竹芝

アクセス
- JR 浜松町駅北口から約350m（徒歩5分）
- 東京モノレール浜松町駅北口から約350m（徒歩5分）
- 新交通ゆりかもめ竹芝駅から約100m（徒歩2分）
- 都営浅草線・都営大江戸線大門駅から約450m（徒歩7分）
- 羽田空港から約30分

セラピーワールド東京 検索　https://therapyworld.jp

主催 **「セラピーワールド東京」EXPO事務局**
（株）BABジャパン『セラピスト』内
〒151-0073 東京都渋谷区笹塚1-30-11中村ビル
TEL **03-3469-0135**　MAIL **expo@bab.co.jp**

LINE **お友達登録はコチラから**

各種SNSはコチラから

後援（50音順）
一般社団法人 エステティックグランプリ／JAA 日本アロマコーディネーター協会／特定非営利活動法人 ジャパンハーブソサエティー／一般社団法人 日本アロマセラピー学会
一般社団法人 日本オーガニックコスメ協会／特定非営利活動法人 日本スパ＆ウェルネスツーリズム協会
特定非営利活動法人 日本ホリスティック医学協会／特定非営利活動法人 日本メディカルハーブ協会
一般社団法人 日本リラクゼーション業協会／特定非営利活動法人 ベジプロジェクトジャパン／一般社団法人 和ハーブ協会

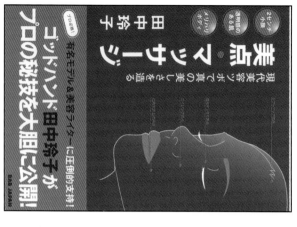

頭痛が解消されて頭がスッキリ

仕事でパソコンを多用する人の中には、頭痛薬が手放せないという人も少なくありません。最初は眼精疲労から、吐き気や気持ち悪さに進み、さらに悪化すると頭痛まで引き起こすのです。そして、常に頭痛がつきまとうと、仕事に集中できない、外出もままならない、眠れないなど、生活するのもかなりつらくなります。

頭痛まで引き起こしてしまうのは、やはり一日中パソコンなどのモニターを凝視するなど、尋常ではないほど目を酷使し、疲労をそのままにしているからです。視神経や筋肉が最大限に緊張しているので、健康にもよくありません。

そういう悩みにも、美点は対応できます。**「目頭美点」「目の上美点」「こめかみ美点」「側頭部美点」「頭つけ根美点」へのマッサージは、かなり深い筋肉にもアプローチするので、普通ではとれないこりがほぐれます**。目のまわりの重い不快感、頬のこりやこめかみの緊張感も緩和され、後頭部の筋肉や目の奥の痛みもかなり解消されますので、目と頭全体が相当楽になります。プロによる定期的な美点マッサージで、頭痛薬がいらなくなったケースもありますので、眼精疲労からくる頭痛でお悩みのお客様には、継続的な美点によるケアをおすすめいただきたいと思います。
また、美点を押して筋肉がほぐれると、神経の通りもよくなります。

睡眠の質が上がる

寝つきが悪い、眠りが浅い、すぐ目が覚めてしまう。睡眠のお悩みがある人は、かなり多いものです。実は眠りに関する悩みも、眼精疲労による影響が少なくありません。

目が疲れると、筋肉は緊張し、それを放置すると、こわばった状態のままになります。交感神経も緊張して優位になり続け、心身が休まりません。気分がすっきりせず、寝つきが悪くなり、眠りも浅くなります。そして、朝起きられない、日中もボーっとしている、仕事がはかどらない、集中できない、慢性的な疲労感、眠れないことへの不安など、眠れない悪循環に陥ってしまいます。

そこで美点です。たとえば、**「頭つけ根美点」「側頭部美点」「こめかみ美点」「生え際美点」**などに**アプローチすると、筋肉の緊張を解く**ことができます。そのことによって**血行がよくなり、老廃物を流すことができます。すると、目のまわり、目の奥、頭の後ろがスッキリし、ストレス解消につながって**

楽になります。交感神経よりも副交感神経が優位になり、心身の緊張がほぐれて、寝つきがよくなり、ぐっすり眠れるようになります。ぐっすり眠れると日中のパフォーマンスも上がります。睡眠不足の観点から美点マッサージをする、という解決法は、意外な盲点ですが、非常に効果的なのです。

ストレートネックも改善される

現在、日本人の8割以上がストレートネックの兆候があるといわれているそうです。本来、頸椎はゆるやかなカーブを描い

ているのですが、パソコンやスマホなどで前傾姿勢を続けると、頸椎の自然なカーブが失われ、真っ直ぐになってしまいます。これがストレートネックです。

スマホやパソコンの画面は、身体の前方下方部にあるため、それを見ようとすると、自然と頭部は肩より前に突き出します。ボーリングの球ほどの重量がある人間の頭を支えようとするため、頸椎に負荷がかかり、首の自然なカーブは失われてしまいます。首や、頭と首のジョイント部分も、必死で頭を支えようと筋肉を緊張させるので、筋肉はかたくなって血行も悪くなり、肩こり、首こり、イライラ、不眠などのさまざまな症状につながります。

さらに、首や肩などと筋膜でつながっている、頭皮やおでこの筋肉まで影響を受けてしまいます。パッチリ目をあけようと、かたくなった額の前頭筋をむりやり使うので、額の深いしわを生み出す要因になります。このようにスマホやパソコンによってストレートネックになると、健康面にも美容面にも精神面にも影響を与えるのです。

筋肉がかたまってしまうと、気づいたときに姿勢を正す程度では、もとに戻すのは容易ではありません。しかし美点マッサージであれば、**筋肉の深い部分に作用して筋肉の緊張をゆるめます。目のまわりや頭部の美点とともに、「首美点」や「頭つけ根美点」をマッサージすると、首、頭と首のジョイント部分の緊張も取れていきます**ので、血行もよくなっていきます。**肩こりや首こり、イライラや**

不眠なども解消され、継続的な施術によって、ストレートネックの改善にも役立ちます。

ストレス解消になる

人間は、自分の悩みが少し解消されるだけでもストレスが緩和されます。「これで目の疲れが取れた」というだけでも、お客様のストレス解消になるのです。しわ、しみ、たるみは小さなストレスかもしれませんが、そういうものがいくつも取り除くことができれば、気持ちがとても明るくなれます。

人間というのは、小さな問題でも、一つ解決すると、バタバタとほかのこともよくなることがあります。「もうダメだ」と思っていた子が、一つ問題を解決してあげると、「うまくいくかもしれない」と思えるようになる。そういう自信が生まれたとき、方向転換できることもあります。

美容ならそれが可能です。すべての悩みを取るのは難しいかもしれませんが、問題というのは複合的な要因が絡まって起こるものですから、そういったものを一つでも取り除いてあげることで、ストレスは解消できます。

眼精疲労の美点なら、目のまわりのケアもできますし、疲れも取れて、気分もスッキリさせられます。交感神経より副交感神経が優位になるので、あらゆる健康と美容にも役立ちます。健康と美容だけでなく、**ストレス解消にも効果的**なので、美点はプロが習得しておくといい技術だと思います。

Part 03

美点マッサージ［準備］

【準備】美点の位置

美点は現代人のためのツボです。骨と骨のすき間や脂肪の奥に潜んでいます。眼精疲労の美点は、目のまわり、頬、頭部が中心になります。

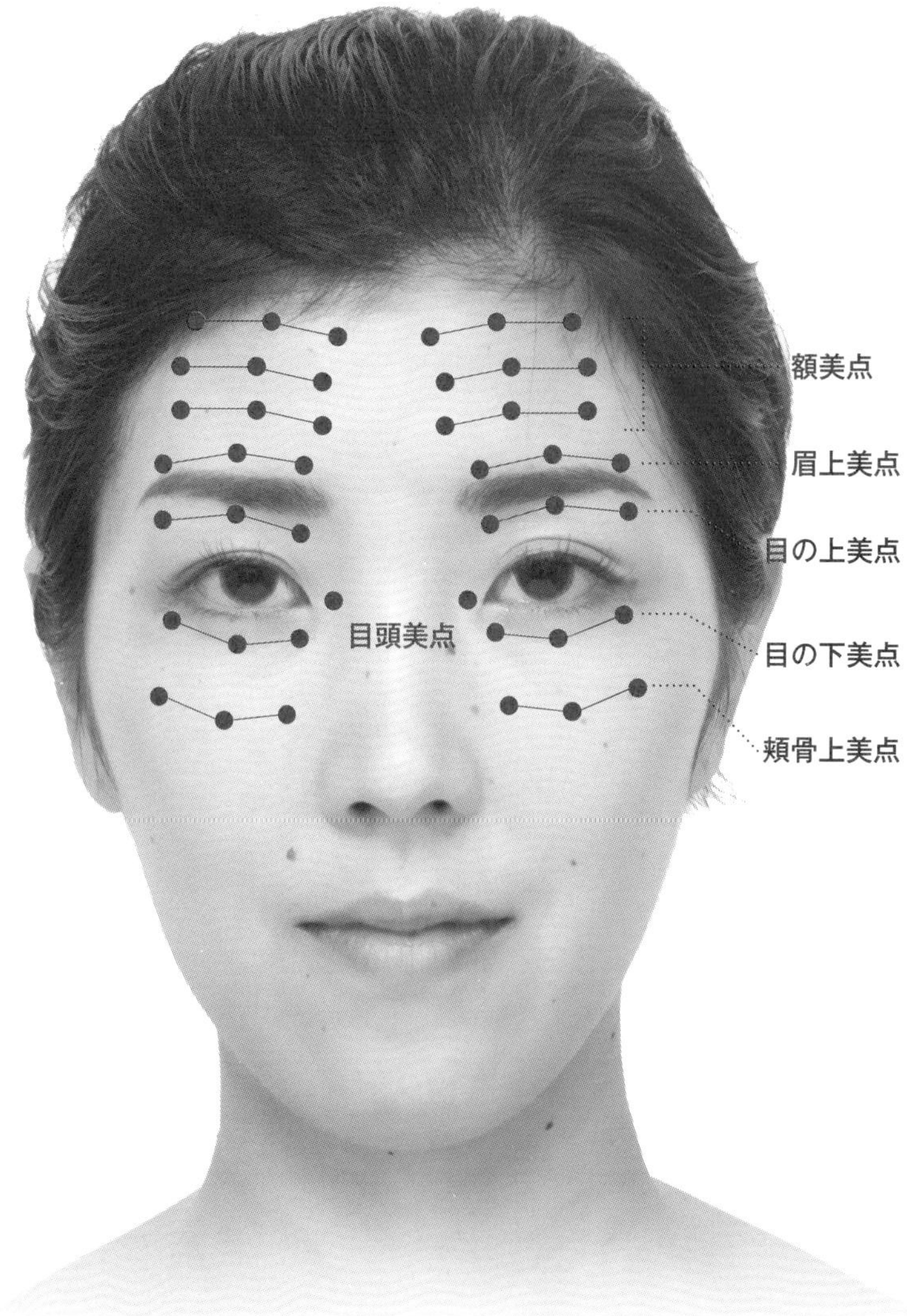

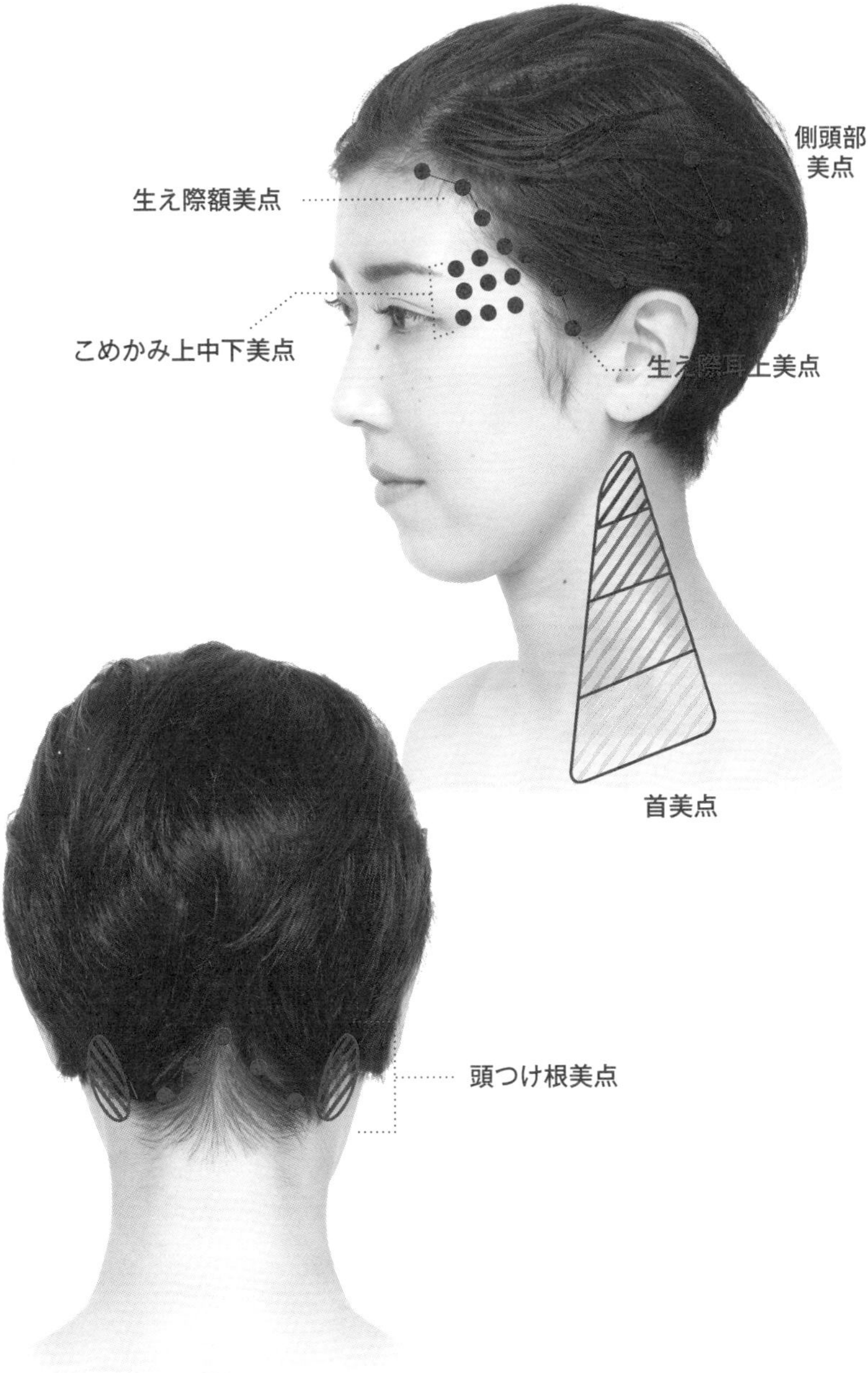
側頭部美点
生え際額美点
こめかみ上中下美点
生え際耳上美点
首美点
頭つけ根美点

【準備】目のまわりのマッサージで気をつけること

目のまわりは皮膚が薄く、毛細血管も細い、非常にデリケートな部分です。ですから、絶対やってはいけないことがあります。

●皮膚をこすりすぎない

皮膚のこすりすぎは要注意。刺激の強い洗顔料と化粧品、人によってはアルコールも肌を傷めるおそれがあります。落ちにくいウォータープルーフのマスカラは、マスカラ専用のクレンジング剤で肌に触れないように取ります。

5年10年と積み重ねることによって、乾燥したり、小じわやたるみになったり、色素沈着につながったりします。お客様も、普段のお手入れから気をつけてほしいと思います。

●爪は短く

技術者はお客様に直接触れる職業です。爪はいつも切っておきましょう。

私は、いつも**爪切り、粗いヤスリ、細かいヤスリの3種類**を用意しています。爪切りは切り口が鋭角になるので、粗いヤスリをかけます。それでもまだ鋭いので、細かいヤスリをかけます。爪も肌の一部のつもりですべらかにするのです。

この三つの道具は、サロンにも家にも置いています。バッグにも忍ばせています。特にヤスリは、ポーチとお財布の中にも入れています。これだけ準備しておけば、万が一何か忘れたときでも、どうにかなるものです。

そして、**3～5時間に一度の感覚で、気がついたときに爪にやすりをかけます**。指を垂直に立てる技術もありますので、3～5時間で伸びた分がお客様に当たってしまうかもしれないからです。いつも深爪もいいところです。

手の乾燥にも気を使います。朝晩、顔と同時に、手も顔と同じケアをします。ハンドクリームは使いません。そして寝る前も同じものを塗っておきます。よく「先生には指紋がない」と言われるのですが、それだけタッチがすべらかで、吸いつくような皮膚感覚なのだと思います。

経験の浅い技術者でも、手のお手入れならベテランと同様にできるはずです。プロはいつも最高の「道具」で施術したいものですね。

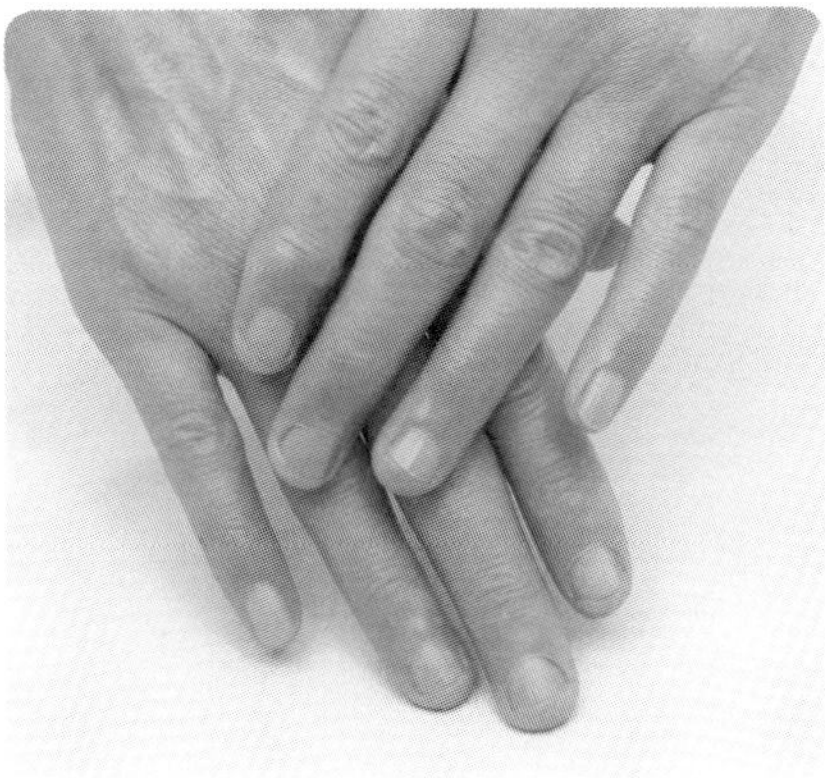

【準備】指の使い方

眼精疲労の美点は、場所によって指の使い方が違います。目のまわりはあまり力を入れませんが、額や頭部はしっかりともみます。使う指は、親指と中指が中心です。そして、人差し指、中指、薬指の3本を同時に使います。

親指は、指先端、指先、第一関節、指全体。
中指は、指先端、指先、第一関節。
3本の指は、指先、指全体。

指先端
骨と骨のすき間や細かいツボなど、こりのひどい部分を、錐《きり》の先端で刺すように指でプッシュ。奥のこりまで届く。

指先
骨と筋肉の間や骨の上の筋肉を、しっかりとほぐしたいときに使う。

第一関節
広範囲のこりをほぐすときや、目の上美点2などに使用。エステ初級者や一般の人が指先端や指先を使うと、こりのポイントをはずしてしまうおそれがある場合はこちらを使う。

指全部
広い範囲のこりを一度に取りたいとき、首美点などに使用。面の広いパーツの強擦などに。また、ソフトなタッチで効果を上げる際にもこちらを使用。

【3本指】　【中指】　【親指】

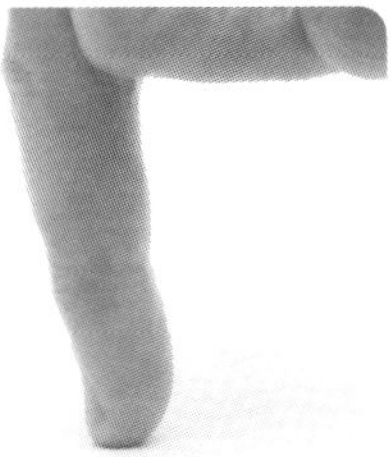

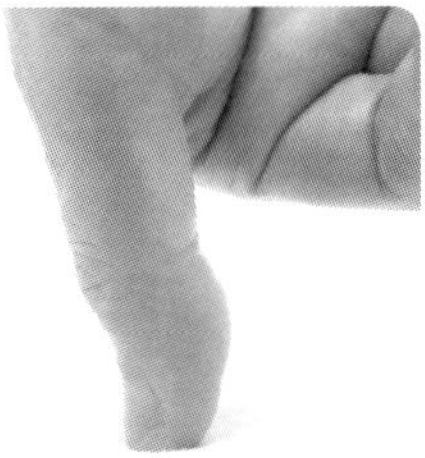

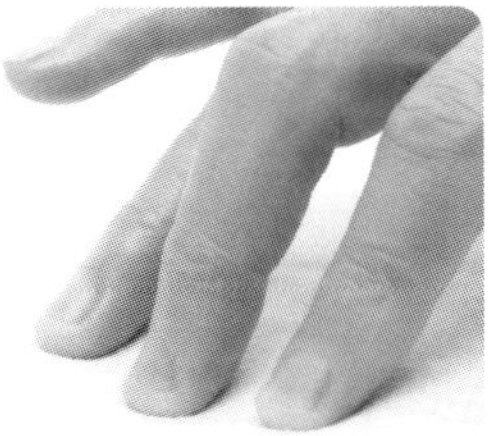

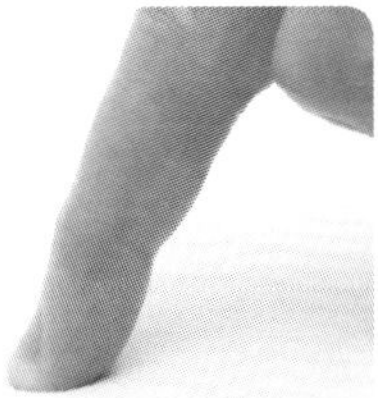

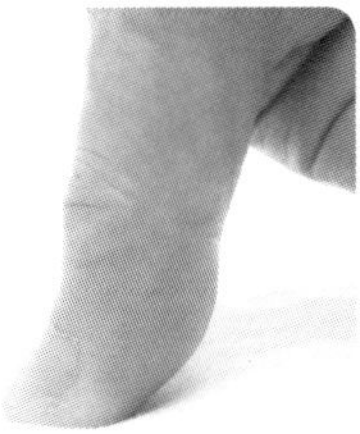

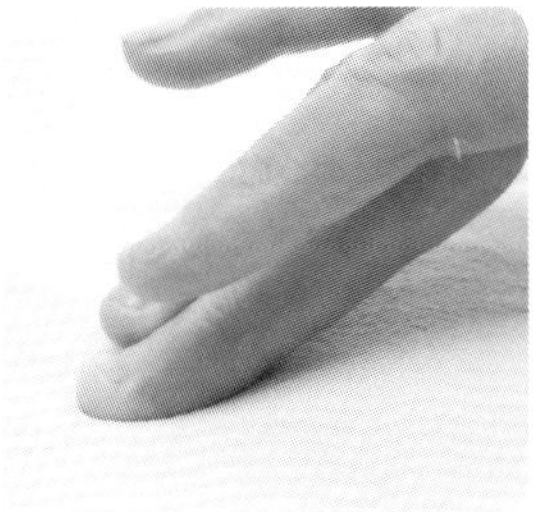

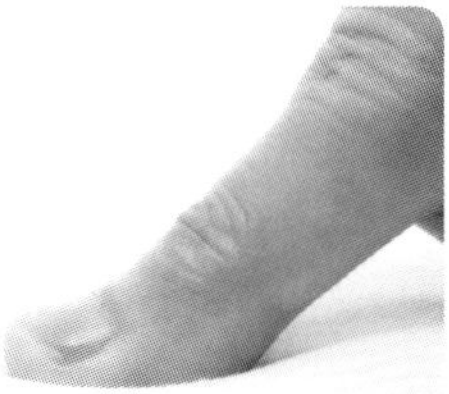

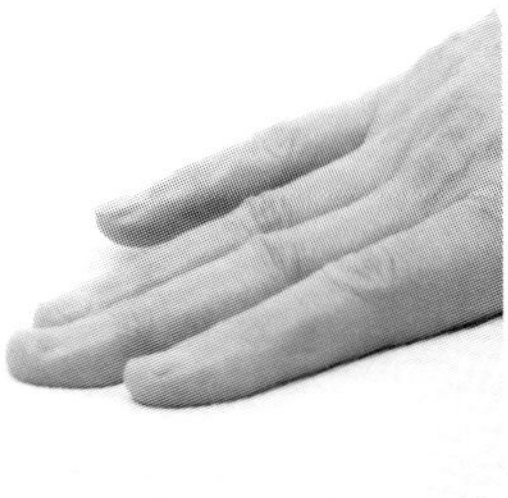

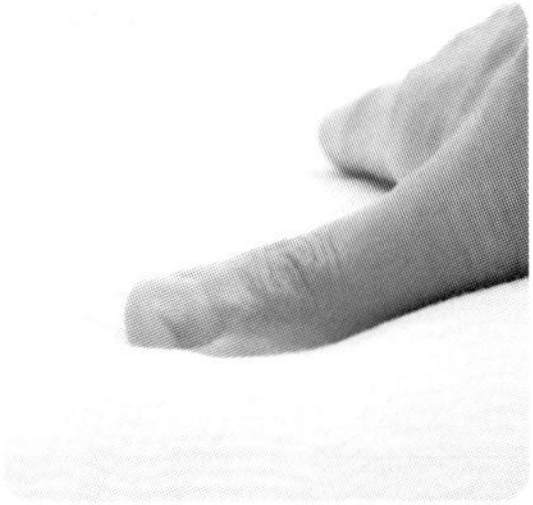

【準備】力の入れ具合

目のまわりは非常にデリケートです。眼球の近くの部分は、力を入れるというより、溝やくぼみのすき間に指の重さや引力で、スーッとすべっていく感覚です。

特に目頭美点、目の上美点、目の下美点は、力を入れずに自然にすべって深く入っていきます。3の力で押すという指示がある場合、実際は3の力で押しているわけではなく、自然にすべらせたら結果的に3の力で押していた、という感じです。この感覚をぜひ体得していただきたいと思います。

写真は「押す感覚」を比較したものです。力がほとんど入らない様子、ほかの力との相対的な違いを、実際にデジタル秤《ばかり》で試してみるとよいでしょう。

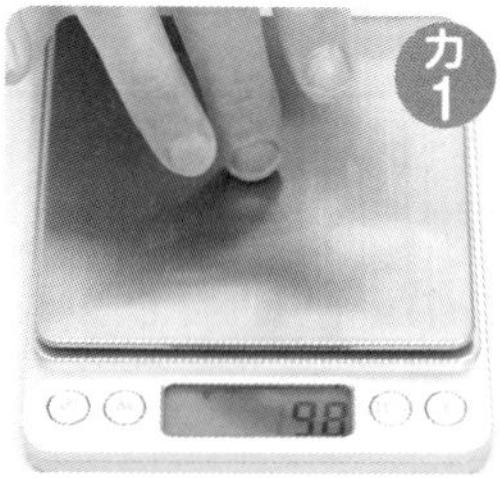

力1
指の重さの力で

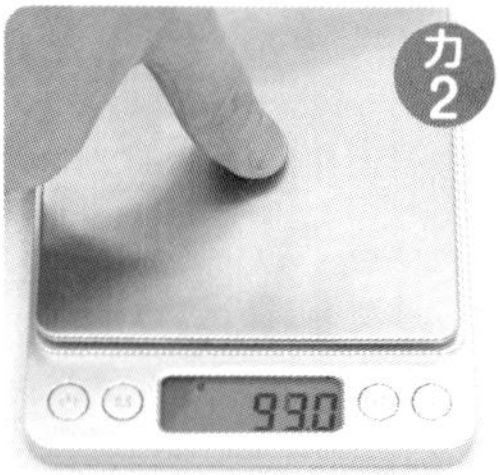

力2
手首から先の力で

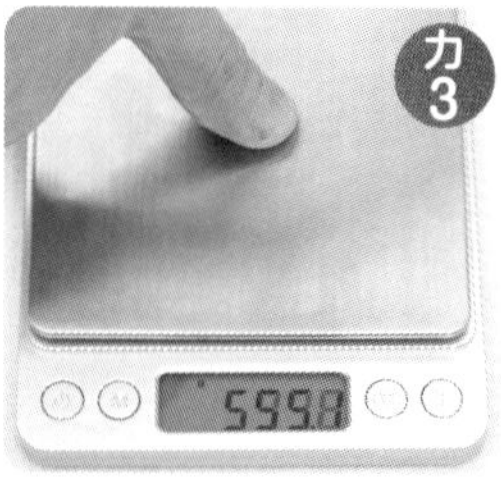

力3
ひじから先の力で

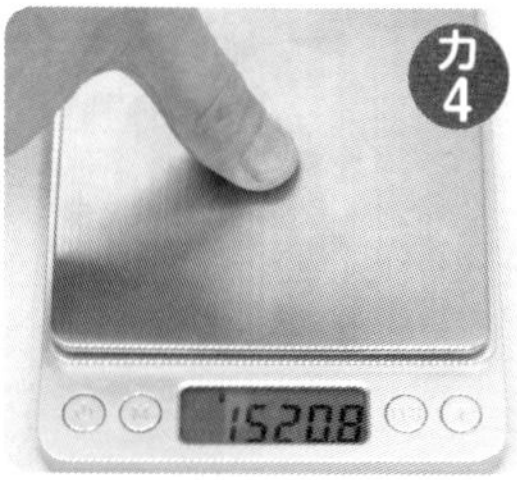

力4
腕全体の力で

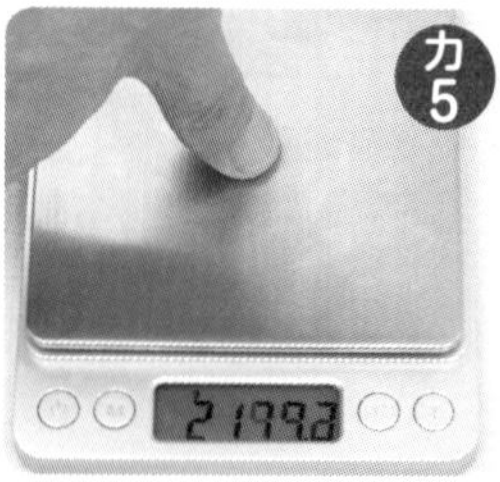

力5
上半身の力で

【準備】押す方向

ほかの部位のマッサージとは違い、目のまわりの美点は、構造が複雑でとてもデリケートなため、細心の注意を払わなければいけません。施術の効果を上げるには、方向と方法がとても重要になります。

厳密にいえば、場所によってやり方はすべて違います。

ここでは、代表的なものを五つご紹介します。

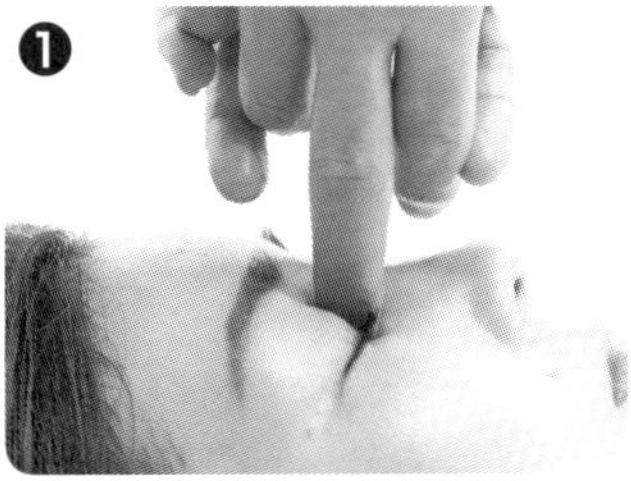

力を抜いてまっすぐ入る
（例）目頭美点

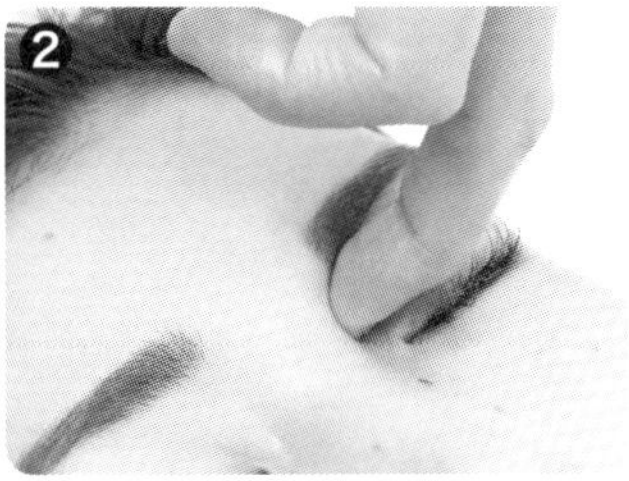

骨に沿って、骨のへりを刺激する （例）目の上美点１

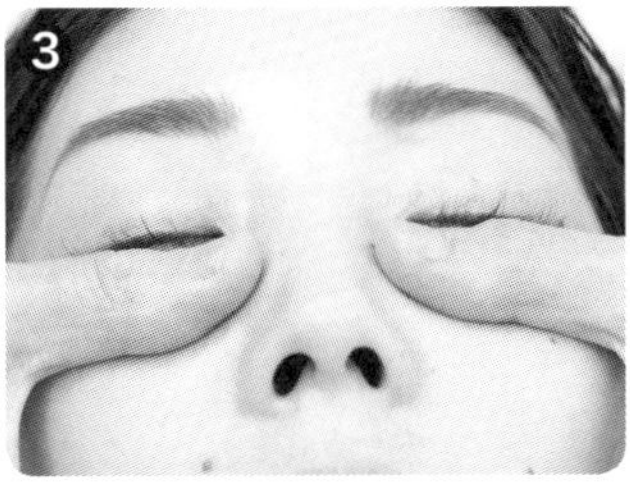

骨の上に指の重さだけをのせる （例）目の下美点２

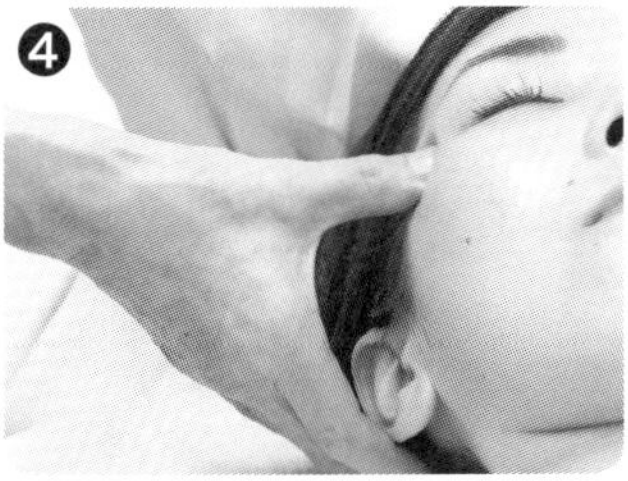

接した面を垂直方向に押してしっかり刺激
（例）こめかみ上中下美点

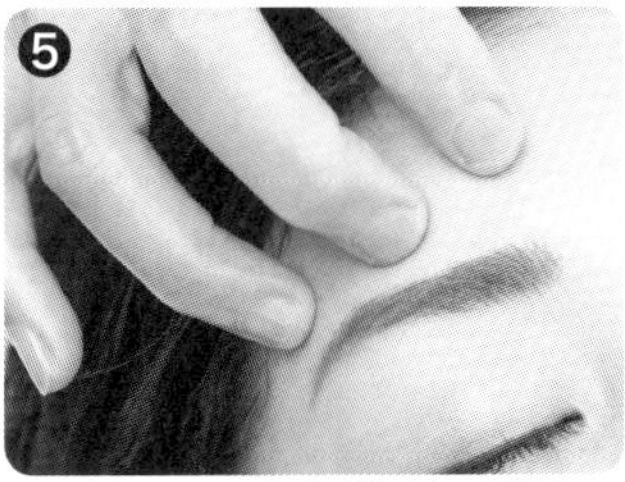

指を置いたまま直径１㎝くらいの小さな円を描く
（例）額美点　生え際美点

【準備】塗布する化粧品は？

眼精疲労の美点マッサージは、顔の汚れを落としてから行います。

クレンジング剤は刺激の強いものは避けます。すべりがよく、肌になじんで汚れを溶かし込むようなものがおすすめです。

クレンジング後の肌には、保湿化粧品と油分の両方が必要でしょう。そこに、たるみを取りたいならたるみが取れるような化粧品を、クマであれば血行をよくする化粧品を、少し加えて行うとより効果的です。このとき、刺激の強いアルコールや香料は入ってないほうが望ましいでしょう。ここは浸透させるのが目的なので、鉱物油なども避けたほうが無難です。

指が皮膚をこすることがないように、マッサージに使う化粧品はたっぷり使います。

私は、たるみであれば、プラセンタを使います。クマを取るときも、最初にプラセンタを使ってから血行に作用する化粧品を使います。プラセンタは、コラーゲンやエラスチンを作る線維芽細胞を活性化させるのです。

さまざまなプラセンタがありますが、いろいろ試した結果、十勝地方にある帯広大学と共同研究している牧場で、国際衛生規格に従って育てているホエイ豚から抽出されるプラセンタがいちばんいいことがわかりました。しかも、抽出して10日以内に製造した絶対安全なプラセンタは、サラサラで匂いがない、本当に高いクオリティ。このプラセンタと出会ったおかげで、肌トラブルのケアが格段にレベルアップしました。

プラセンタは、肌の修復と再生ができます。そこに乳酸菌生成エキスを加えてみようとひらめきました。乳酸菌生成エキスは自分の乳酸菌を増やしてくれる物質です。乳酸菌生成エキスができるときに「特殊な物質」ができるのですが、これが細胞壁を守っているようなのです。

私のひらめきは当たりでした。この乳酸菌生成エキスがプラセンタの修復力と再生力を促すのです。アトピーなどさまざまな肌トラブルが、すぐに解消されました。

サロンで塗布するのであれば、1回100円か200円のコストです。トラブルも起きず、結果が出るなら、使ってみてはいかがでしょう。お客様も、プラセンタ導入を500円でやってくれて効果があればうれしいと思います。

私がサロンで使用しているプラセンタ

極上プラセンタ
(30ミリリットル／100ミリリットル)

導入美容液。常に新鮮な十勝プラセンタのみ使用。乳酸菌生成エキスが加わり、肌を弱酸性に保ち、みずみずしさを与える。洗顔後のまっさらな肌に塗布する。

(問い合せ　レイ・ビューティースタジオ)

【準備】湯と冷水の準備

施術に入る前に、温湿布と冷湿布をして血行を促進します。湿布用にタオルやおしぼりを用意しましょう。

温湿布は、実際に広げて顔にのせると温度が下がってしまいますから、人肌よりも少し温かい42～45度で用意するのがベストです。お客様の顔にのせる前に、火傷をしないか、自分の肌で確かめてみましょう。ホットキャビネットで温めたおしぼりで充分ですが、それがない場合は、洗面器やボウルに45～50度のお湯を用意します。温湿布は3回行います。あらかじめ電子レンジでおしぼりを3本温めておいても構いません。温度には充分気をつけましょう。

冷湿布用には、常温の水にタオルを浸して作ってもかまいませんが、体温でタオルが温まってしまうので、氷水をお使いになってもよいでしょう。

上から軽く圧を加えるので、タオルが厚すぎると手の感触が伝わりにくくなってしまいます。薄手のタオルであればフェイスタオルの大きさでかまいませんが、厚手のフェイスタオルなら半分に切っておくと、折ったときに厚くなりすぎず、使いやすいと思います。

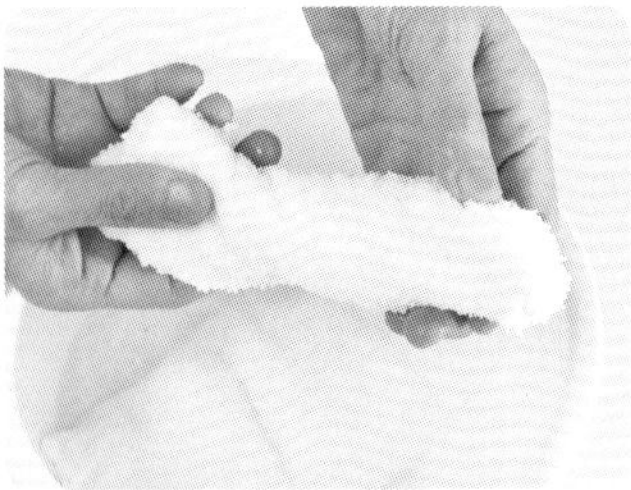

Part 04

美点マッサージ【実践】

【美点マッサージの前に】クレンジング

メイクをしている方には顔全体をクレンジング、ノーメイクの方や男性には⑦から始めます。

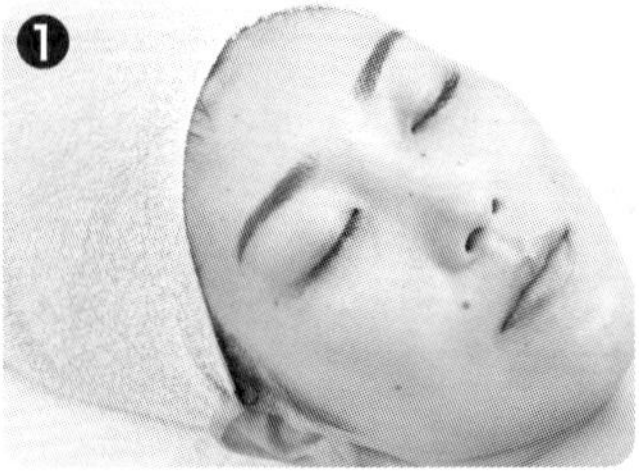

タオルで髪を包んでまとめる。ここでは顔全体のクレンジングを紹介するが、目のまわりだけでもよい。

直接指でこするのは厳禁。肌に摩擦を与えないために、たっぷりのクレンジング剤を手に取り、顔に塗布。

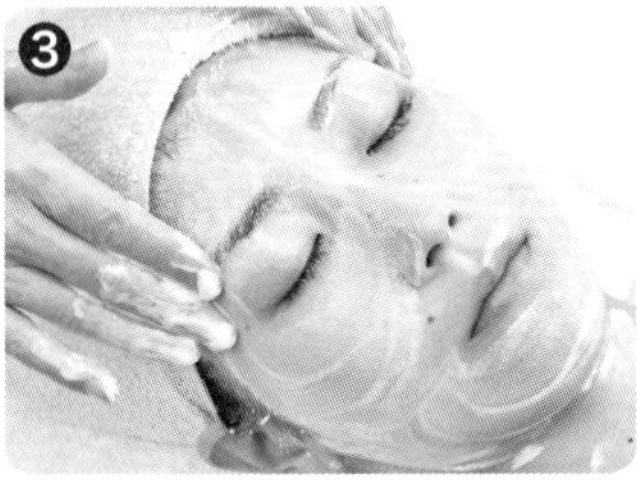

クレンジング剤の上を指がすべるようにし、クレンジング剤に汚れを溶かし込むように行う。特に目のまわりは優しく行う。

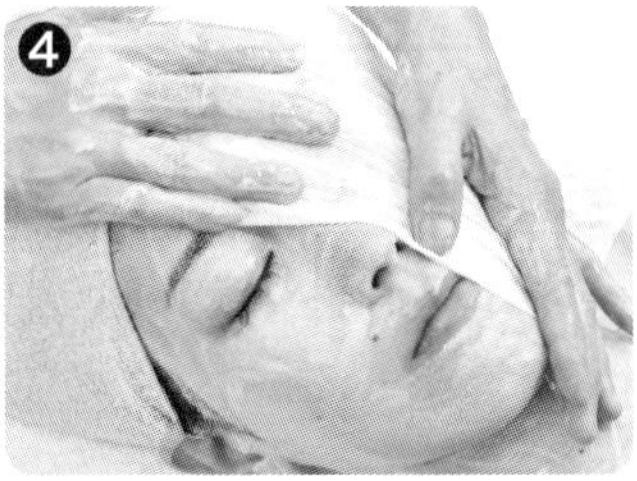

ティッシュを顔に斜めにのせ、上から手で押さえ、ティッシュの中に汚れを吸収させてティッシュオフ。

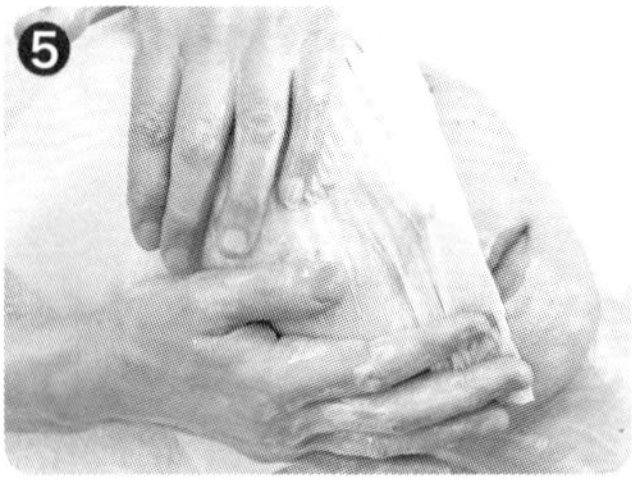

反対側も同様にする。ティッシュペーパーで皮膚をこすらないこと。

顔の下半分。顔の凹凸に合わせて自分の指をフィットさせて押さえると、クレンジング剤がティッシュに吸い込まれる。

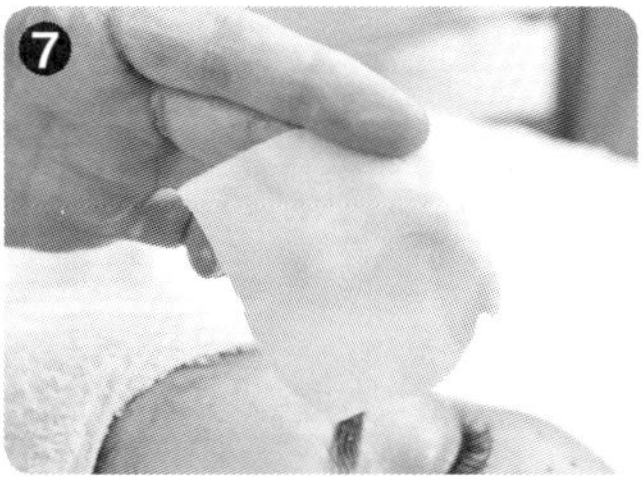

拭き取り用化粧水はたっぷり含ませる。皮膚をこすらないよう、コットンは指で挟むというより、ひらひらするくらいコットンの端を持つ。

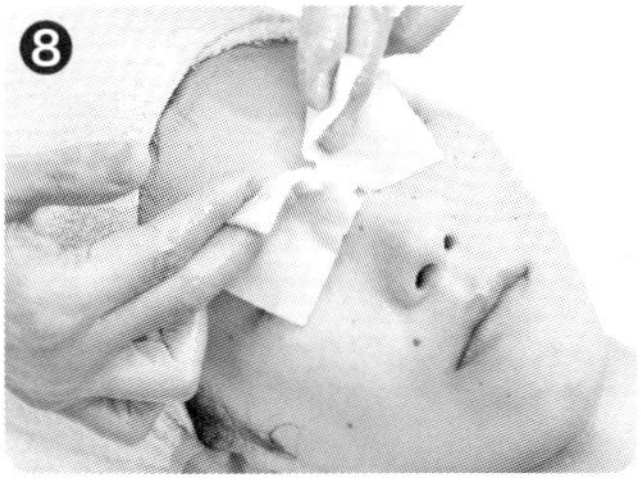

コットンを目頭と眉頭の間にあてる。密着させたまま上まぶたの上をすべらせる。

眉の上を眉尻までコットンを移動させる。すべらせるようにして、細かいところまでていねいに拭き取る。

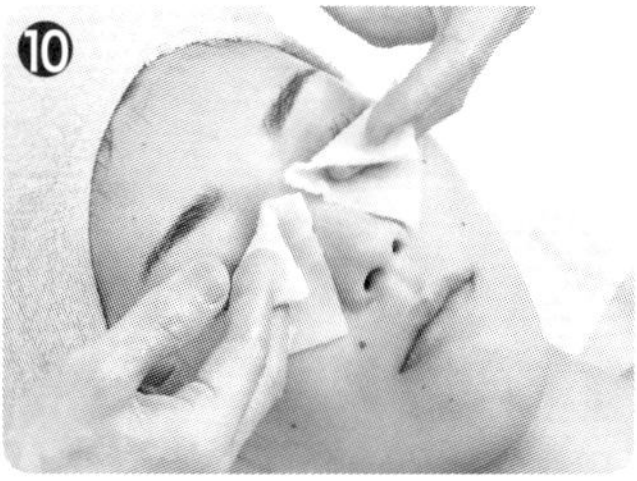

目の下にコットンをあてる。こすらないように目尻まですべらせる。目のまわりは特に注意。

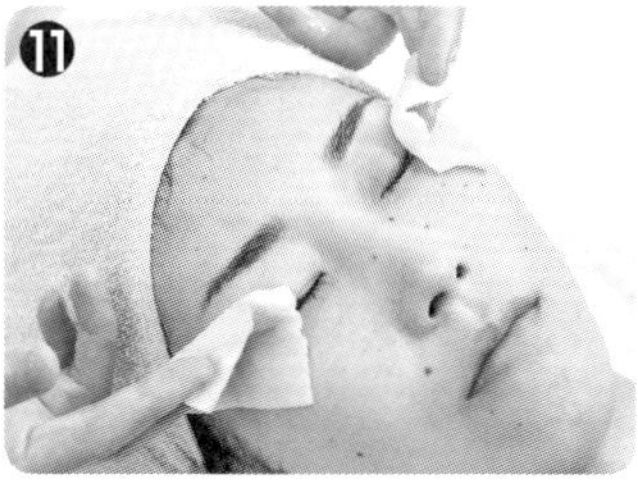

まつ毛の下にクレンジング剤が残りやすいので、目の際ギリギリまできれいに拭き取る。強くこすらずに、きれいに取るのがプロの仕事。

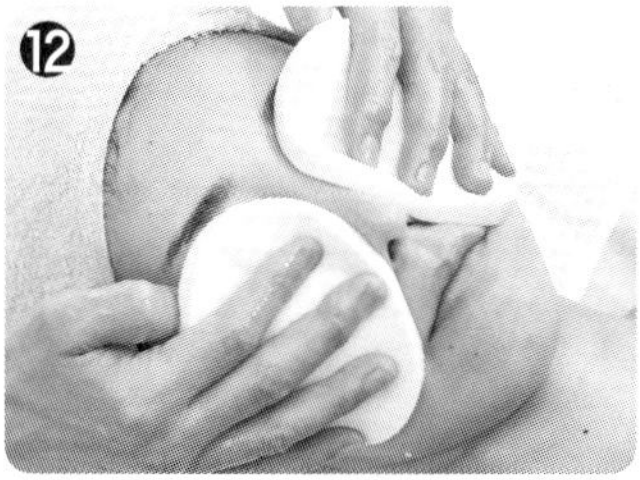

スポンジ２枚でコットンと同様にふき取る。スポンジは、浮かせず密着させると、きれいに拭き取れ、ケアとして効果も上がる。

美点マッサージ①

温冷タオルを目に湿布

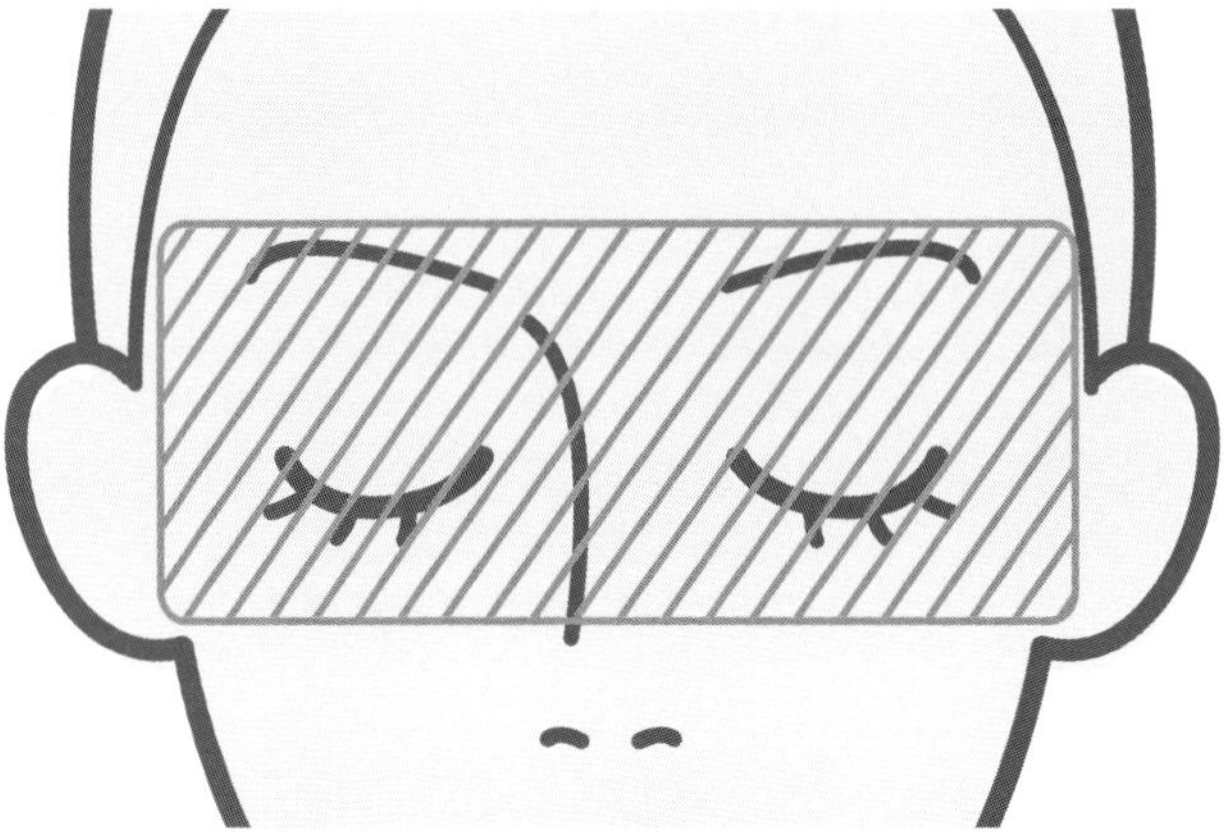

温、冷、温、冷、温の順番で、目の上を湿布します。

目と目のまわりがしっかり覆われる大きさにタオルをたたみ、水分を垂れない程度にたっぷり含ませて、軽く絞ります。

温タオルの温度は目にのせたとき、**42〜43度が気持ちいい**でしょう。作業をしている間に少し冷めるので、その分を考えて45〜50度くらいで用意しておくと、ちょうどよくなります。

のせる前に必ず自分で触って、**火傷をさせない**ようにしましょう。

❶

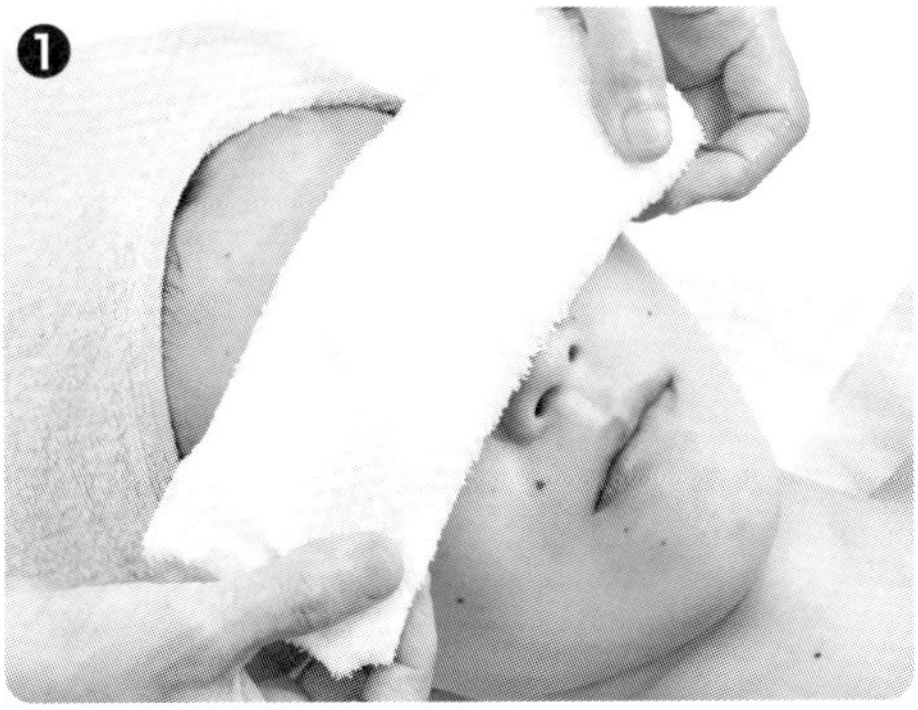

絞ったタオルを目を覆う大きさに折った状態に広げ、温タオルを静かに目に置く。

❷

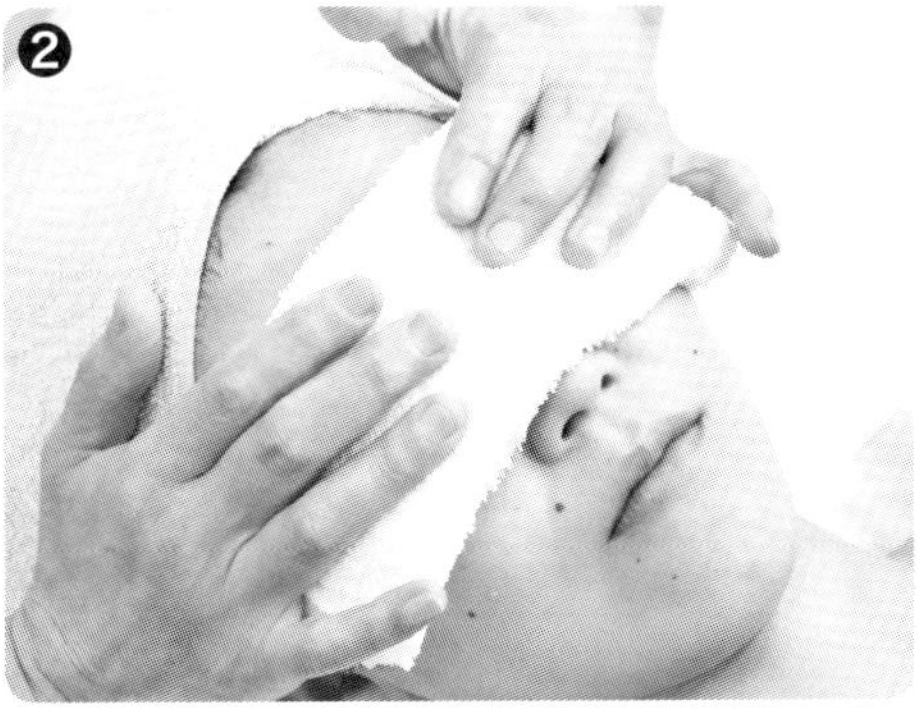

３本の指根でこめかみを押す。人差し指全部を上のアイホールの骨の上、薬指全部を下のアイホール、中指全部は二本の指の半分の力で眼球の上に置く。

❸

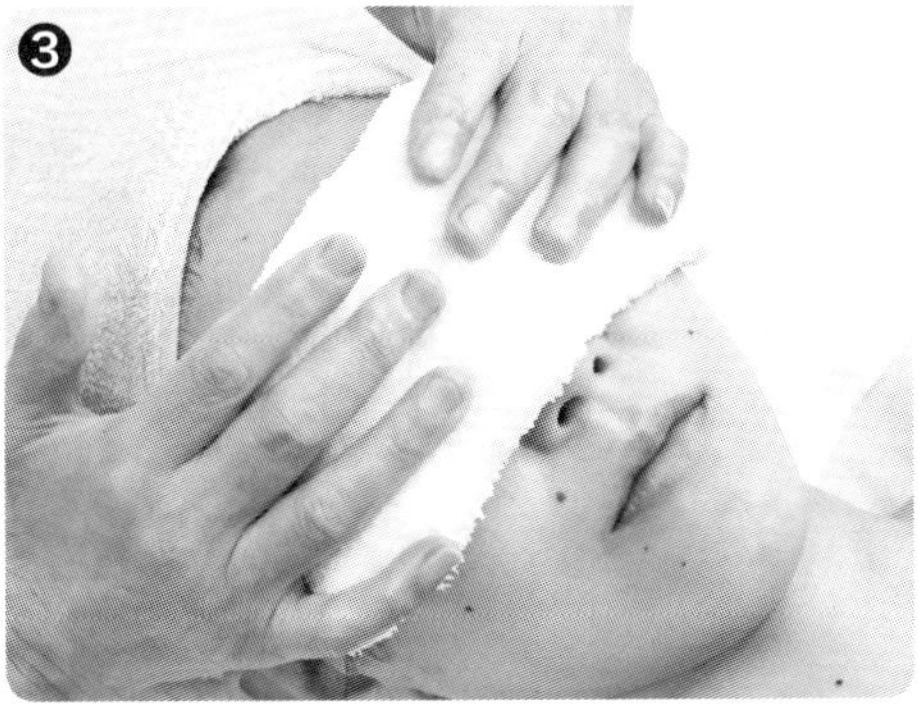

冷水をたっぷり含ませたタオルも同様に絞って目に置き、②の要領で軽く指を置く。再び温かいタオルを同様に置く。さらに、同じ要領で、冷たくしたタオル、最後に温かいタオルを置く。

［ 強さ:3本の指根3、人差し指3、薬指2、中指1
長さ:温湿布8～16秒　冷湿布4～8秒 ］

美点マッサージ②

ローションを塗布

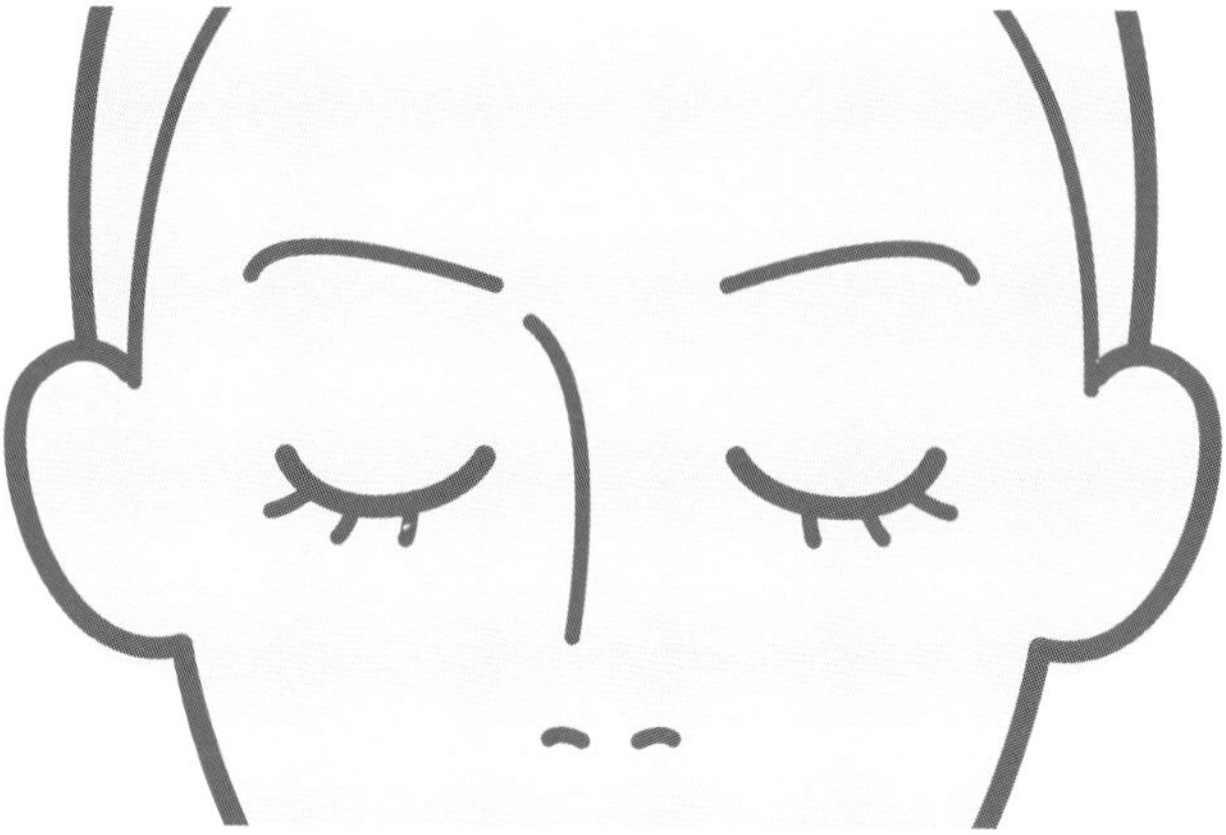

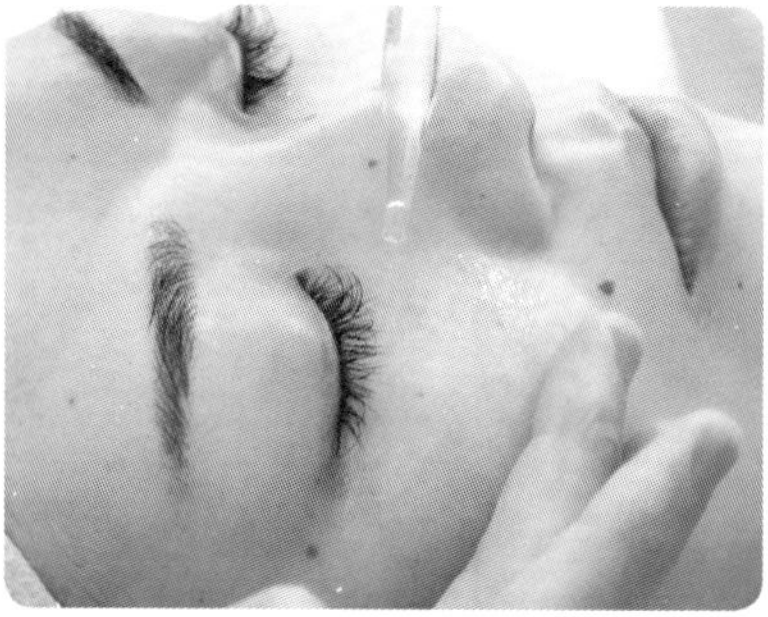

化粧水や美容液を塗布するときは、肌深部に、働きかけたいものからつけます。私の場合は、プラセンタの美容液を先に塗布します。**しわ、たるみ対策のため、目のまわりにつけて一番先に吸収させ、プラセンタを深いところまで到達させたい**からです。ジェルや油分の多い美容液は浸透しにくいので、その場合は最後につけて構いません。

目のまわりのマッサージの場合は、ローションと美容液は、目のまわり全体に塗布します。

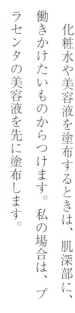

❶

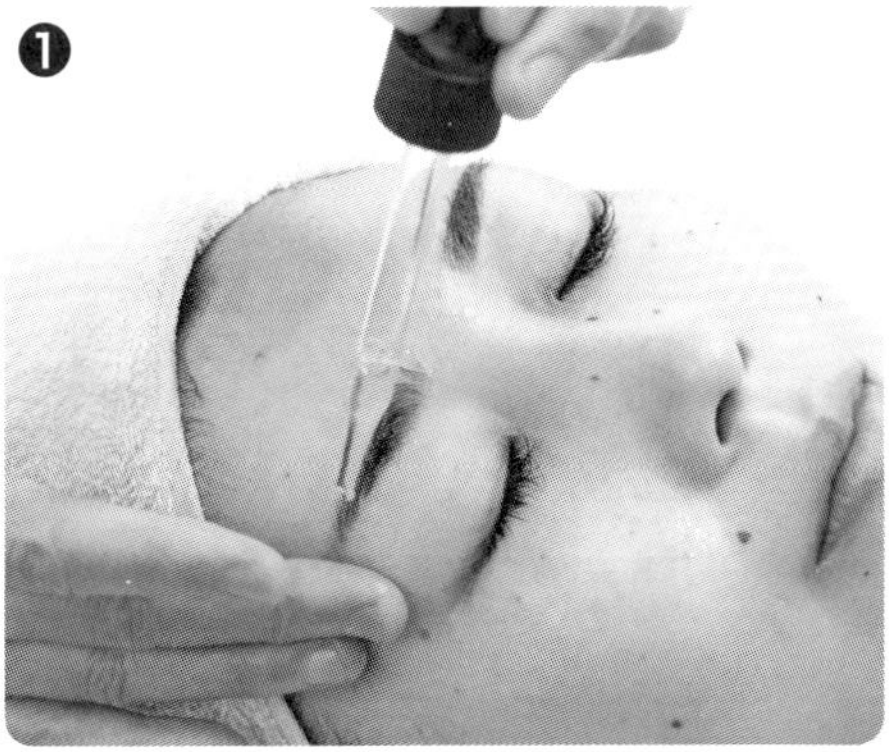

肌に浸透しやすいので、目のまわりにプラセンタを直接塗布。

❷

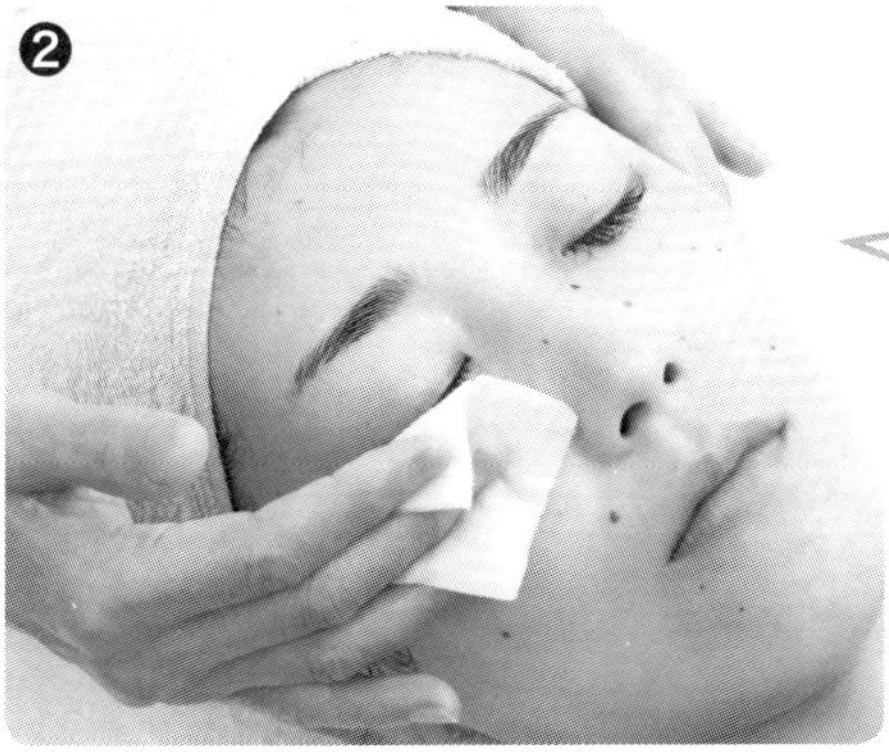

軽くパッティングするように化粧水などを塗布して水分補給。

Point!

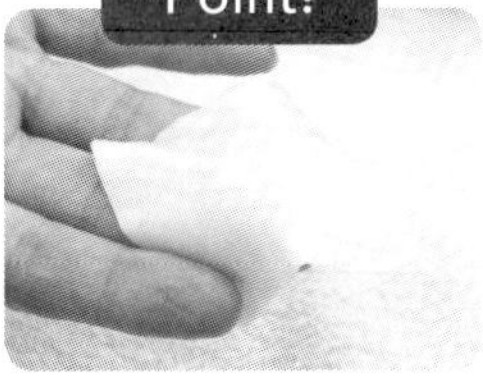

角質にまで水分を行き渡らせるため、コットンに化粧水をたっぷり含ませる。

❸

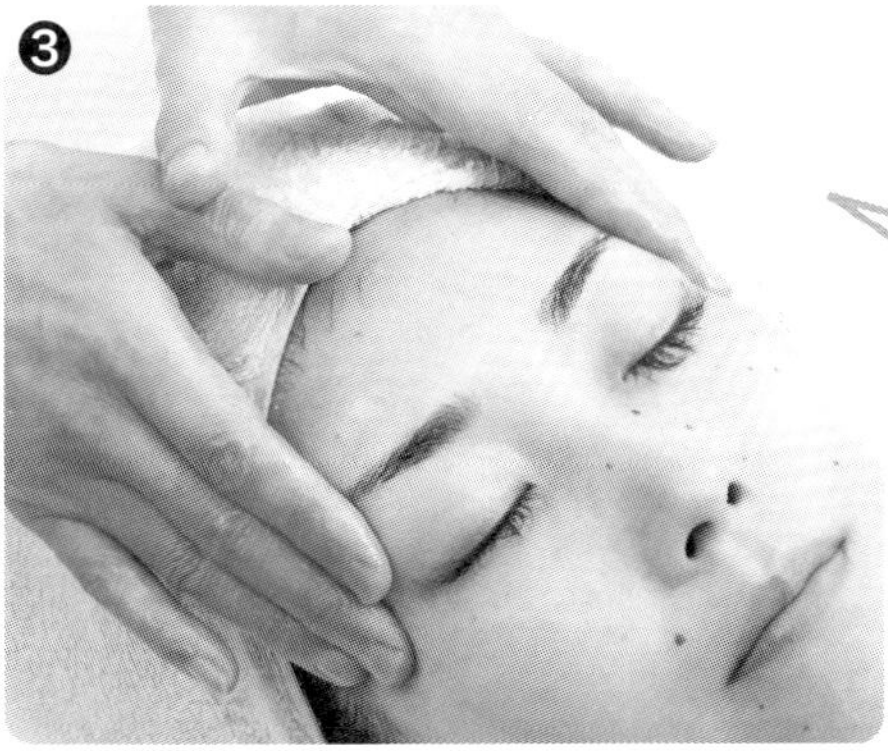

目のまわりに美容液を塗布する。

Point!

私は、肌になじみやすい浸透型のオイル、磁気精製スクワランを使っています。目のまわりにのばして15分ほどおくと、肌に吸収されます。

美点マッサージ③

目のまわりを軽擦

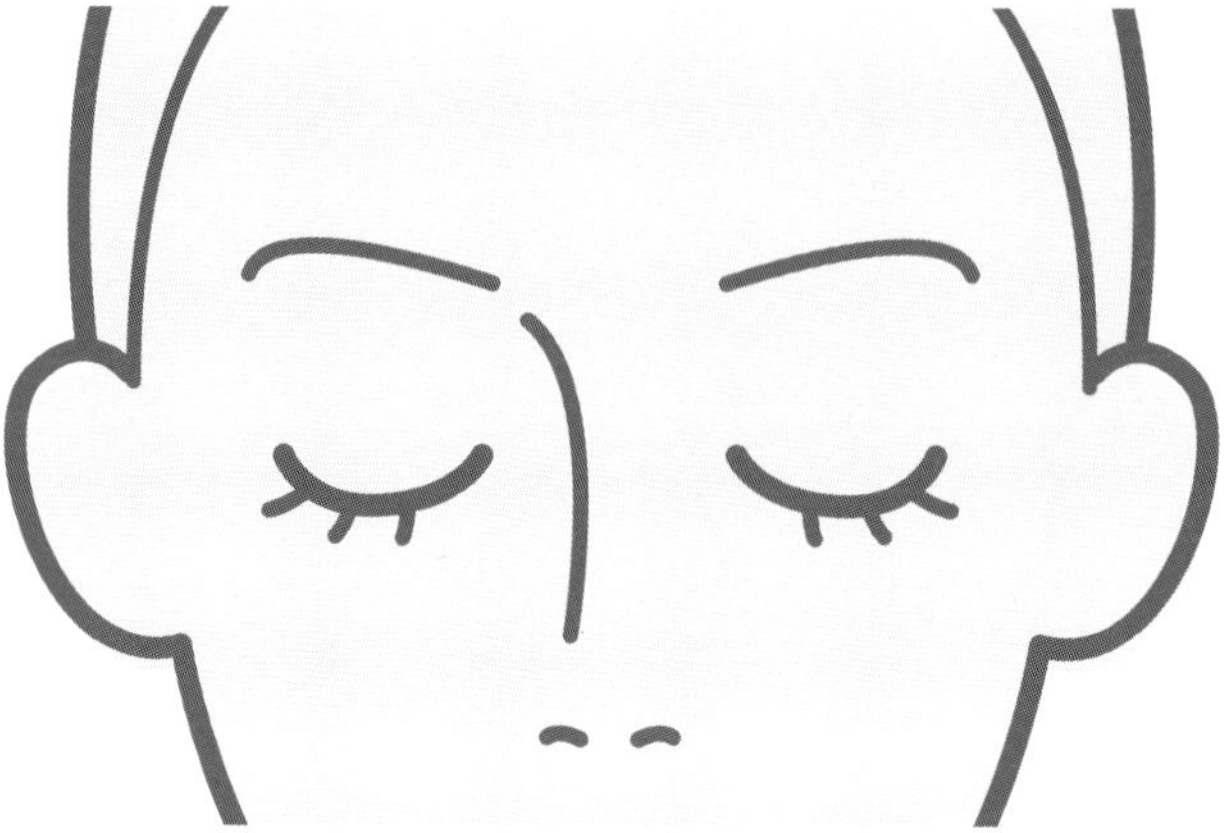

オイルを塗布してすべりがよくなったところで、目のまわりを軽くすべらせるようにマッサージします。目のまわりは皮膚が薄いので、決してこすらないように注意深く行いましょう。

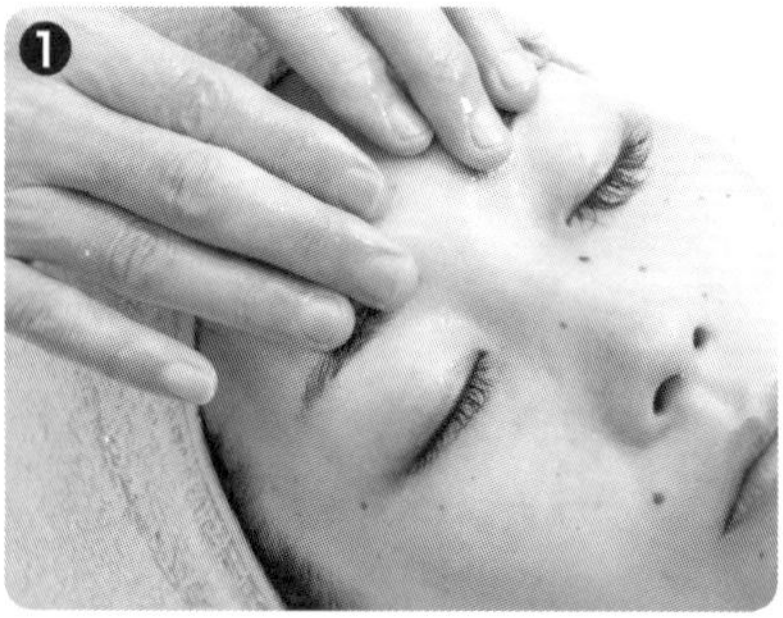

左右３本の指をそろえて、眉に置く。

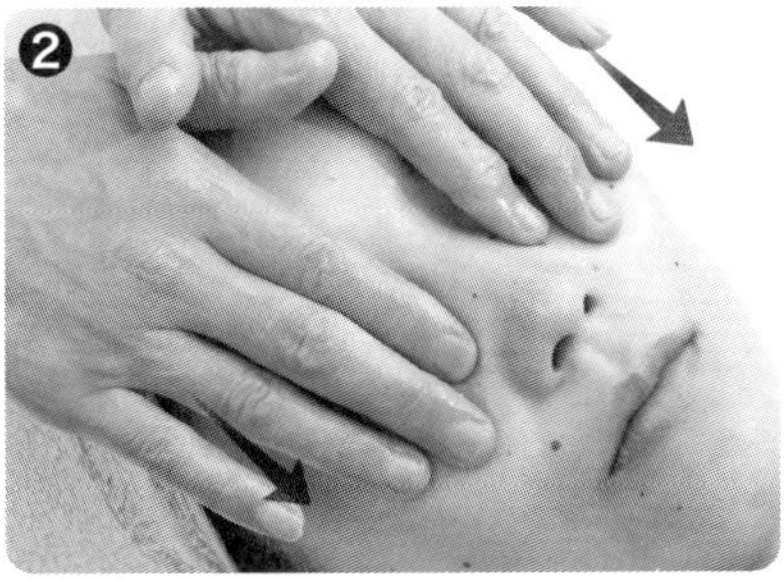

指の腹を密着させたまま、そのままそっとまぶたを通って頬骨まですべらせる。

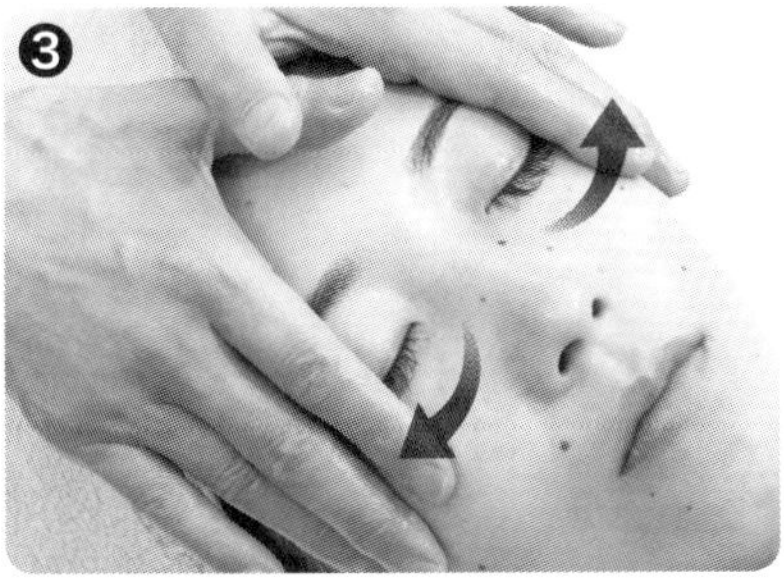

頬骨から左右の指を顔の横にすべらせる。目の下の皮膚は薄いので、こすらないように注意。

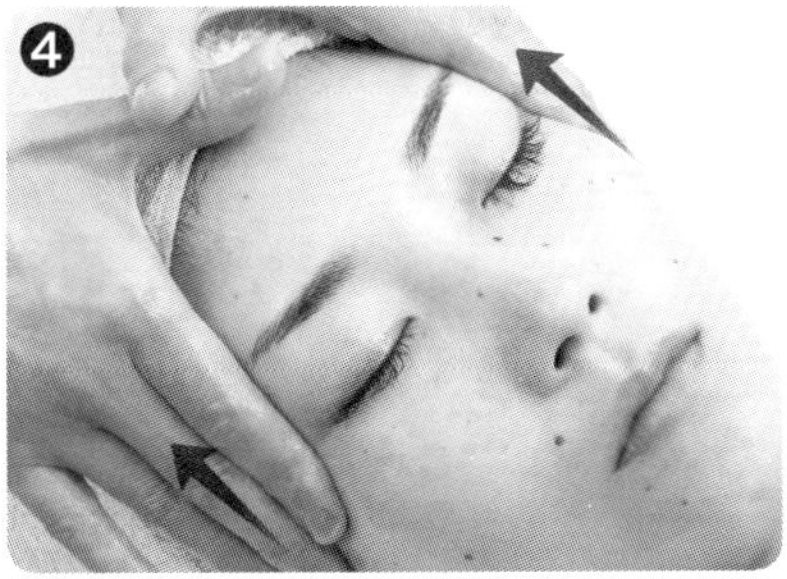

眼輪筋に沿って両目の横まできたら、円を描くように眉毛へ。

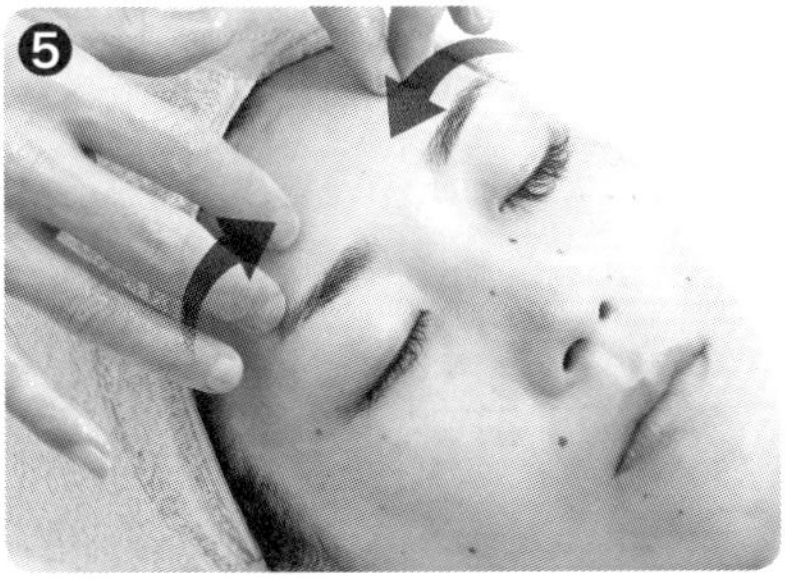

眉毛の上まで指がきたら､再び同様に。４回ほど行なう。

美点マッサージ④

目頭美点

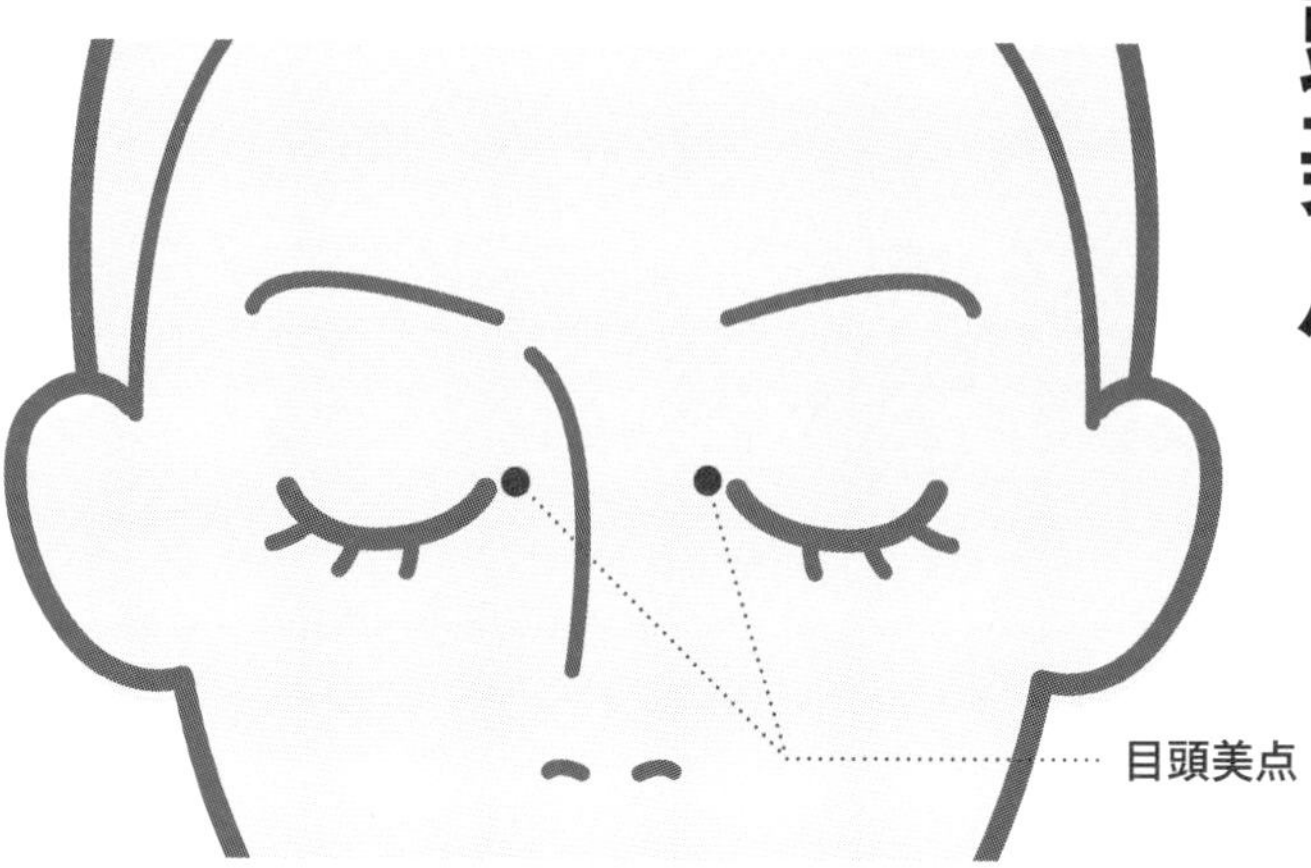

昔と今の目の疲労を比較して最も違うのが目頭美点です。

現代人は、モニターを寄り目気味に凝視しているので、昔に比べて、深いところまでかなりこっています。

人によっては、目頭美点に指が深く入る人、表面で止まってしまう人など、差があります。しかし、疲労度合いとは関係ありませんので、入らないからといって強く押してはいけません。

爪があたらないようにケアすることは必須。**特に中指の爪だけは深爪に切って**もいいくらいです。

到達点で8秒間押すと、目の疲れが劇的に取れるので、とても大切なポイント。ただし無理をしてはいけません。

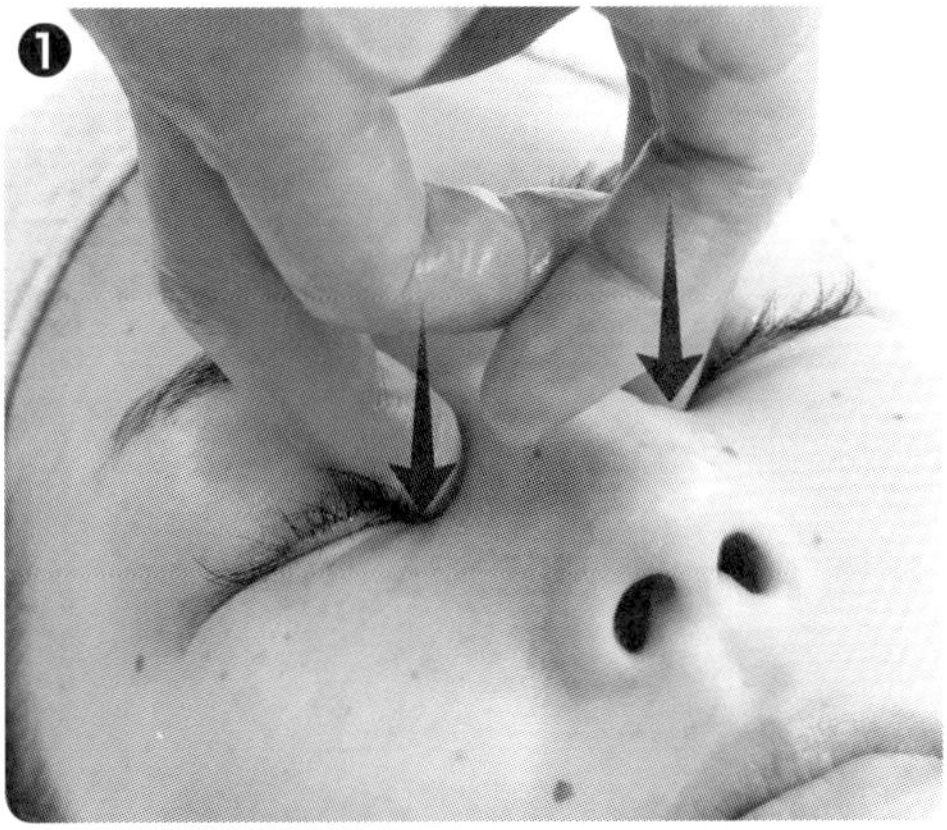

手のひらを軽く合わせて、お客様の鼻の横に真っ直ぐに中指を置き、他の指を曲げたまま、中指だけを伸ばす。肩の力を抜いて、すべるように入っていく。力を入れずに、自然にすべっていったところが到達点。

[強さ:1　長さ:8秒　目頭美点から目の上美点3までを2セット]

Point!

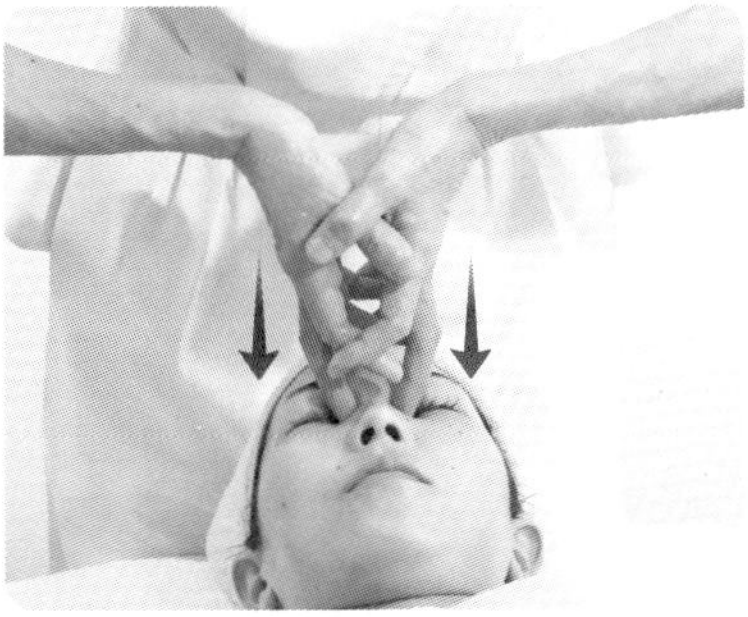

強さは1だが、指を軽く置くだけではなく、腕の重さで中に入っていく。いかに施術者の力が抜けて、そのまま鼻の骨の脇をスーッとすべって中に入れるかが一番のコツ。

美点マッサージ⑤

目の上美点

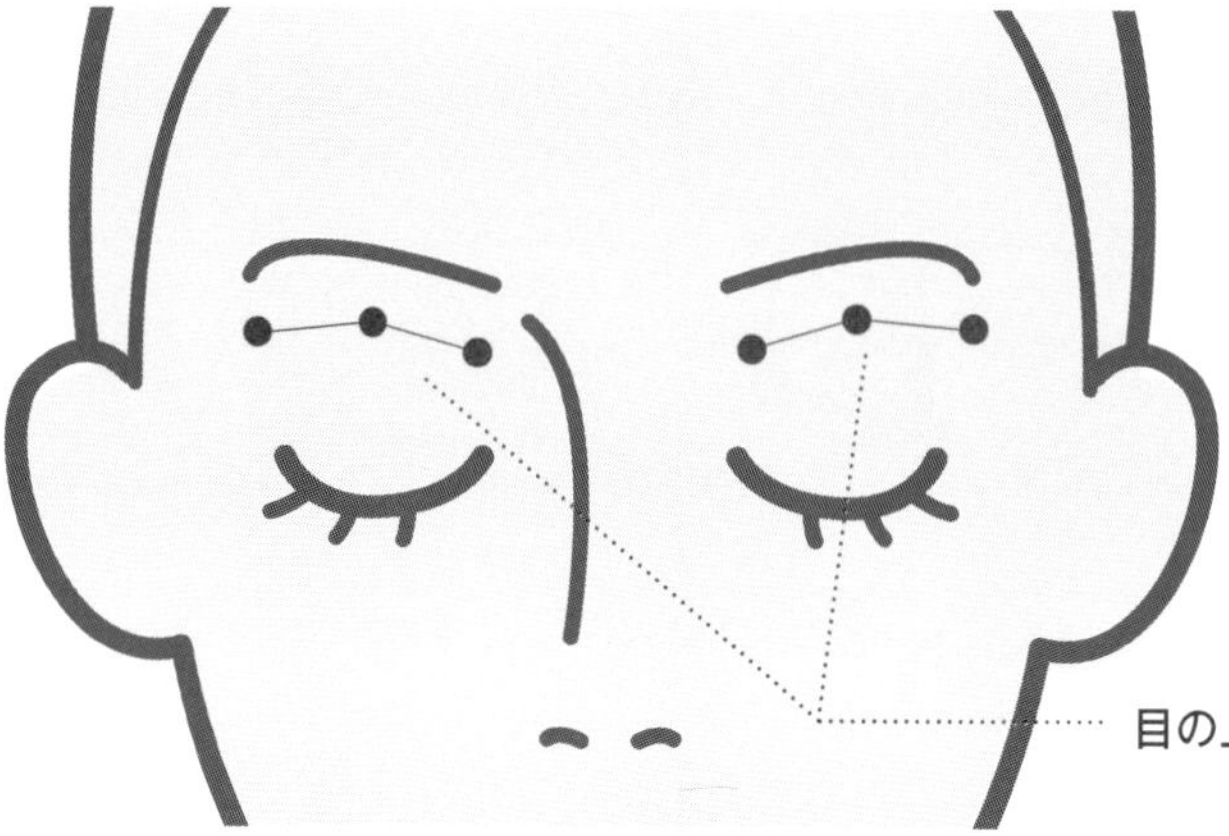

目頭美点と同様、昔と今の目の疲労を比較して、最も違って重要なのが目の上美点1です。モニターを凝視する現代人は、浅いところだけでなく、深いところまでかなりこっています。目のまわりは複雑な構造ですが、深いところをきちんと刺激することが大切です。

目の上美点1は、骨の裏側を掘るような気持ちで押します。

目の上美点2、3は、骨の内へりを押します。特に目の上美点の2と3を押すと、まぶたのむくみが取れ、まぶたを開けやすくなります。

グーっと押すとき、技術者はだんだん力を強めてしまいがちですが、**目の上美点1に関しては、同じ力で8秒間押す**ほうが効果的。**強さではなく深さ**、これがほぐすコツです。

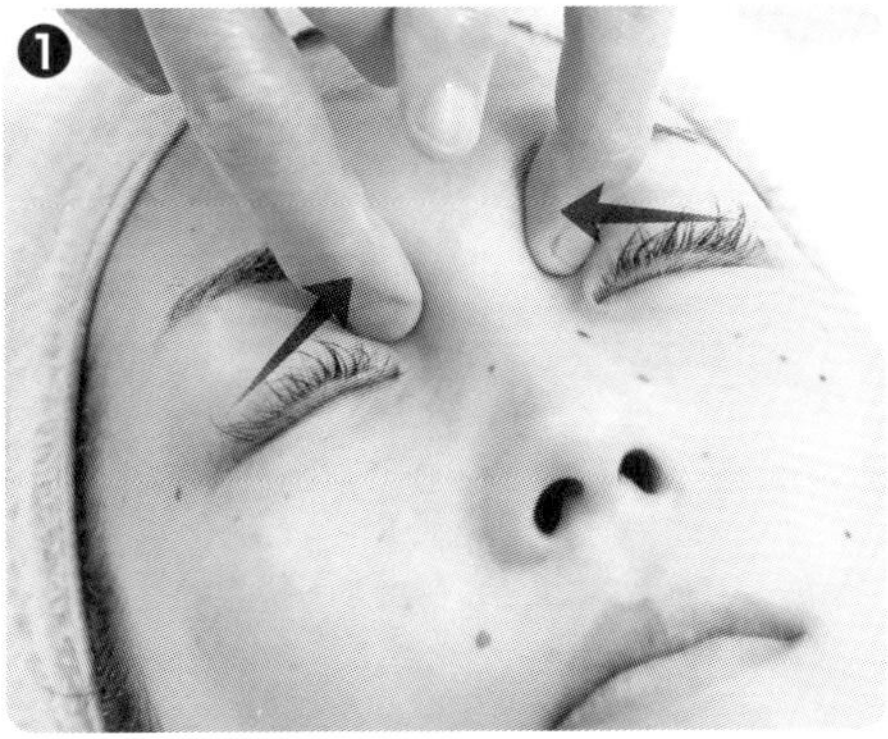

目の上美点１

中指をアイホールがカーブする角に置き、中指をすべり込ませる。骨の裏側に中指を引っかけて、骨の裏側を触るくらいのイメージで行う。

［ 強さ:3　長さ:8秒
目頭美点から目の上美点3までを2セット ］

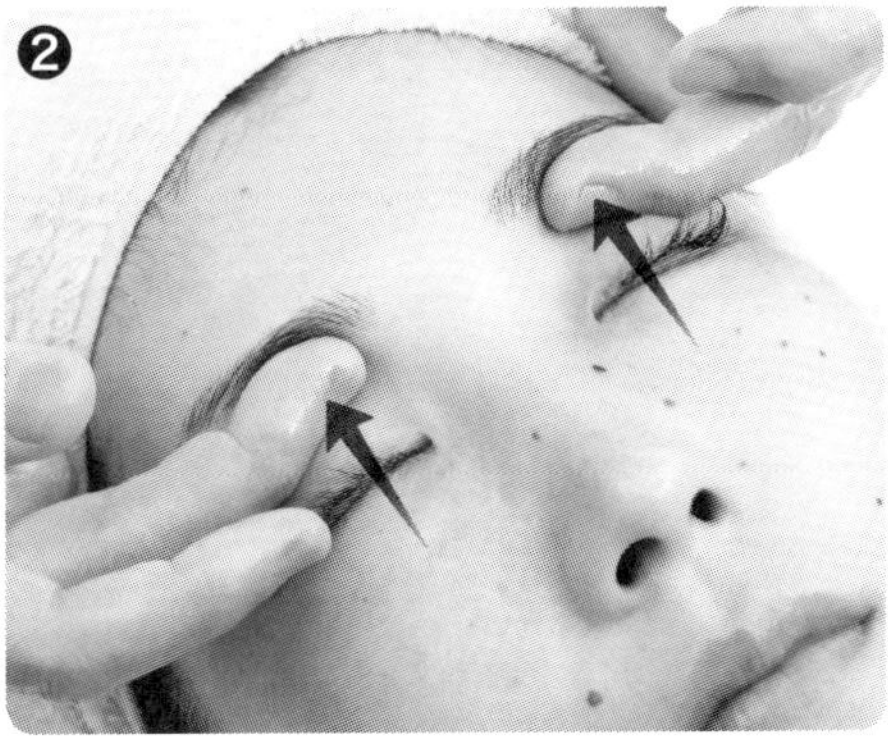

目の上美点２

今度は、中指の第一関節の側面で、骨の内へり側を軽く押す。眼球に触れないように気をつける。骨の内へりを押すことが、目の疲れを取り、まぶたのむくみを取るのに有効。中指の第一関節を全部使うつもりで。

［ 強さ:2　長さ:4秒
目頭美点から目の上美点3までを2セット ］

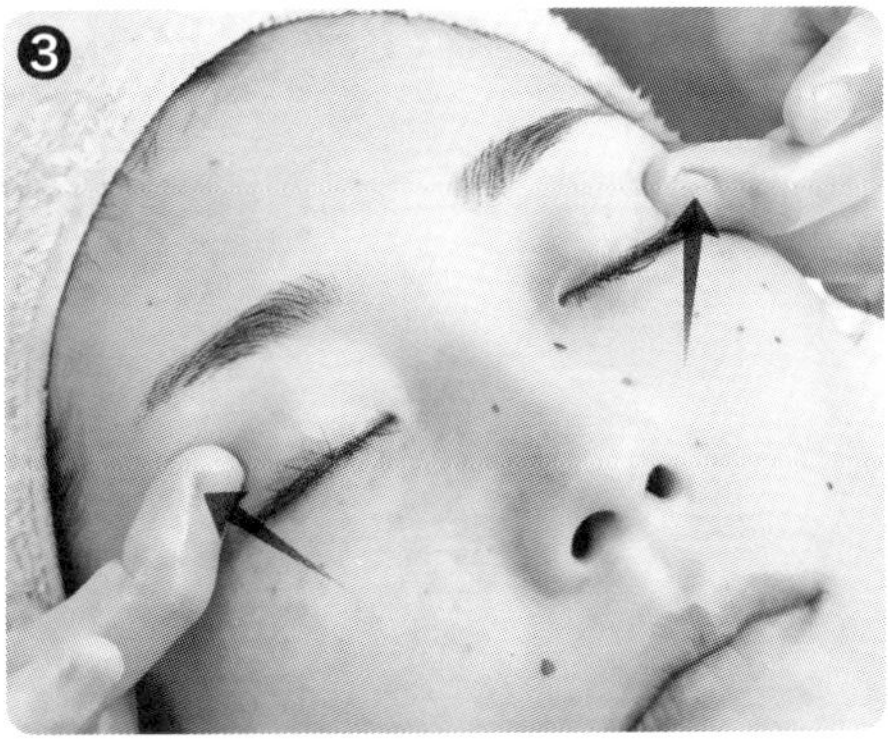

目の上美点３

目尻の手前５ミリくらいのところを、中指の指先で、骨の内へりを押す。

［ 強さ:2　長さ:4秒
目頭美点から目の上美点3までを2回セット ］

美点マッサージ⑥

目の下美点

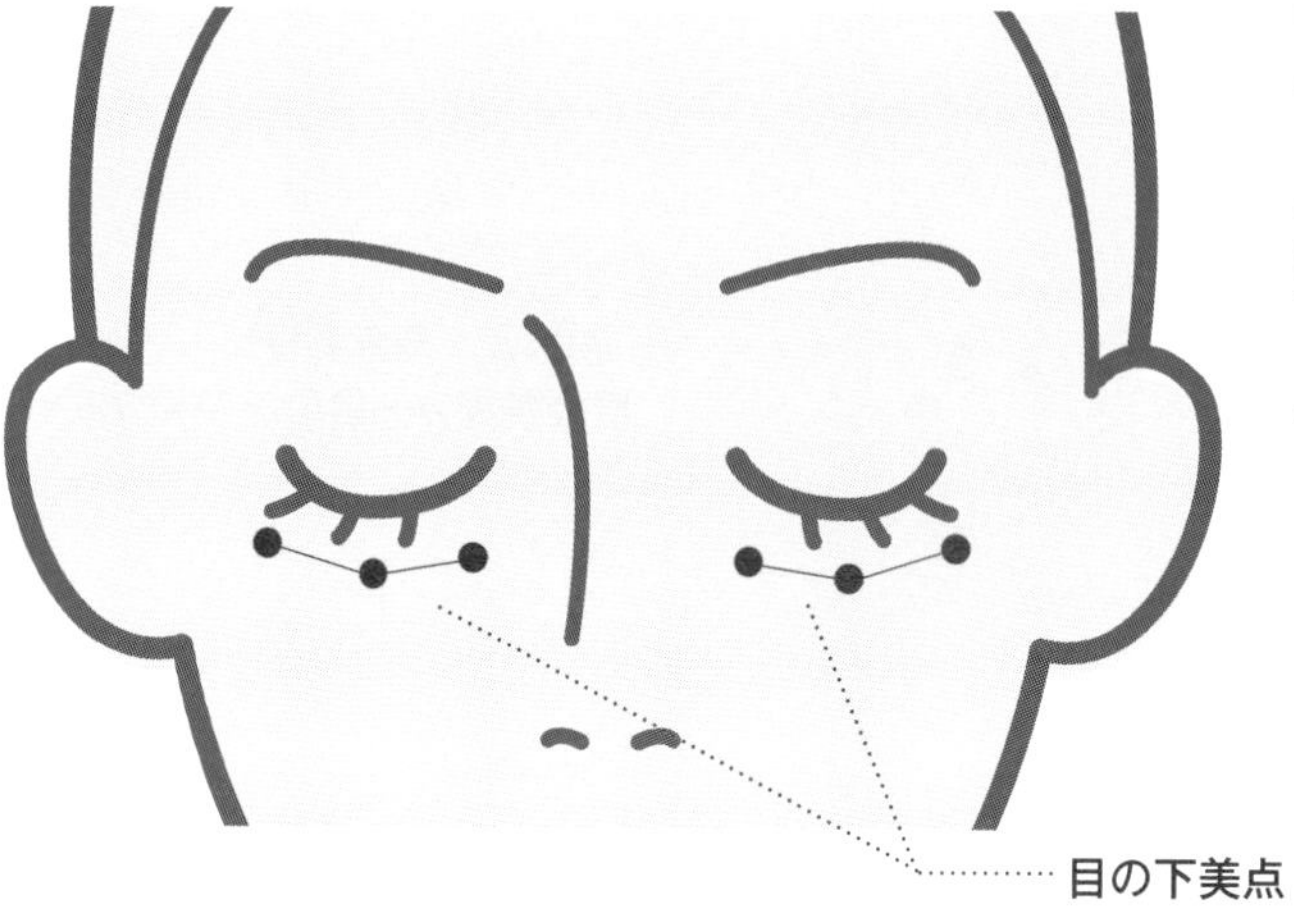

目の下美点が上手に押せると、**目の疲れが取れるだけでなく、しわ、クマ、たるみにも有効**です。ただ、目の下は皮膚が薄く、毛細血管ももろいので、**決して強く押さないこと**。そして指で**こすらないこと**が大切です。

ポイントは、指の重さだけで押すことです。不必要な刺激を与えず、深く効果的に圧を加えることができます。

次の動作に移るときは、必ず指を一回軽く上げてから移動させるくらい、皮膚をこすらない配慮が必要です。

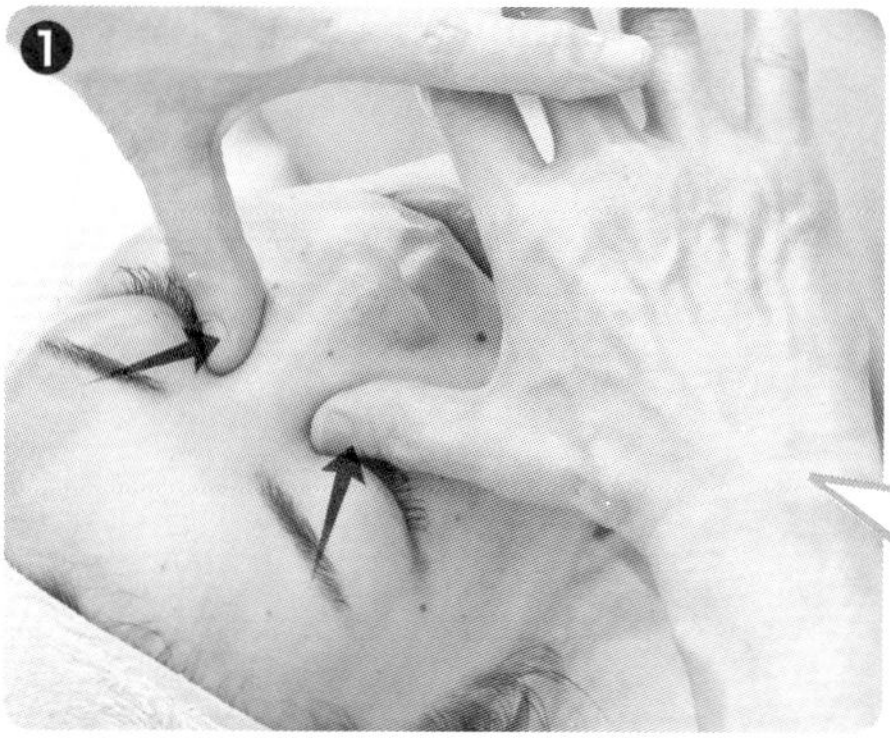

目の下美点１

親指の指先を立てて、親指の側面、第一関節全部を使う。まず鼻の横の骨に親指を置く。手のひらを向こうにして立てる。

Point!

アイホールの内へりに親指の重さですべり込ませる。親指の側面の第一関節くらいを使って、アイホールの内へりに、親指の重さで、すべり込ませるように入れていく。鼻にぶつからないように手のひらを立てておくと、親指がよく入る。

［ 強さ:1　長さ:4秒　目の下美点1〜3を2セット ］

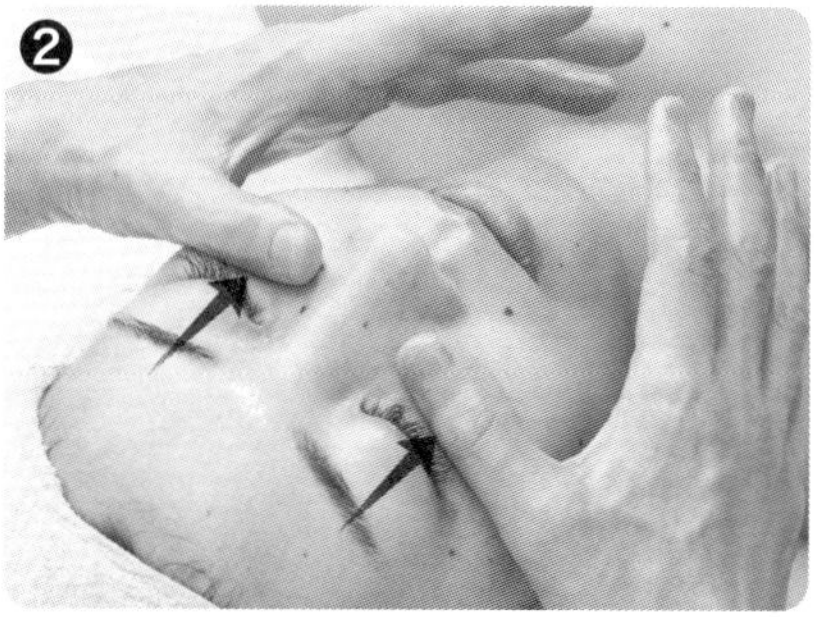

目の下美点２

今度は親指全部をアイホールの骨の上にのせる。親指の重さだけで押す。

［ 強さ:1　長さ:4秒　目の下美点1〜3を2セット ］

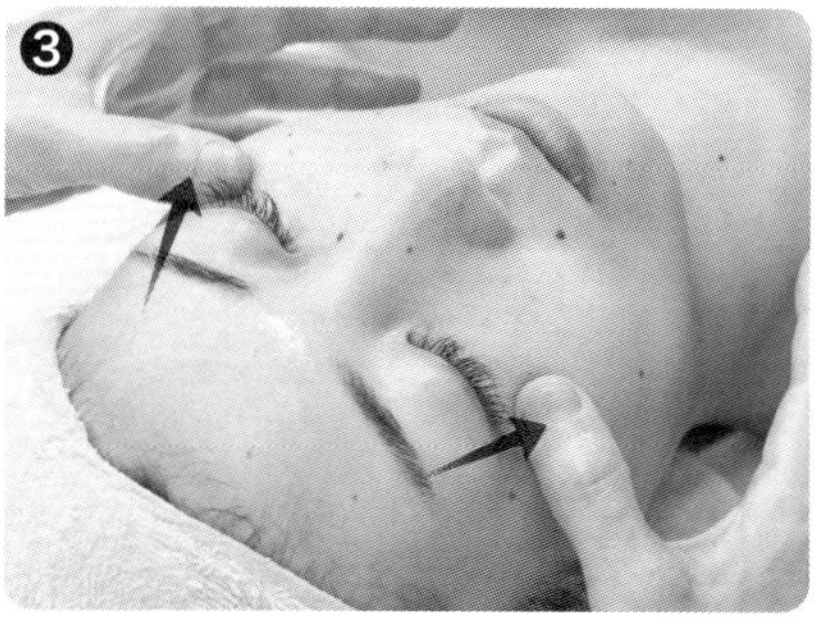

目の下美点３

親指の指先を、目尻の５ミリ手前、やや骨の内へりに置いて、押す。

［ 強さ:2　長さ:4秒　目の下美点1〜3を2セット ］

美点マッサージ⑦

眉上美点

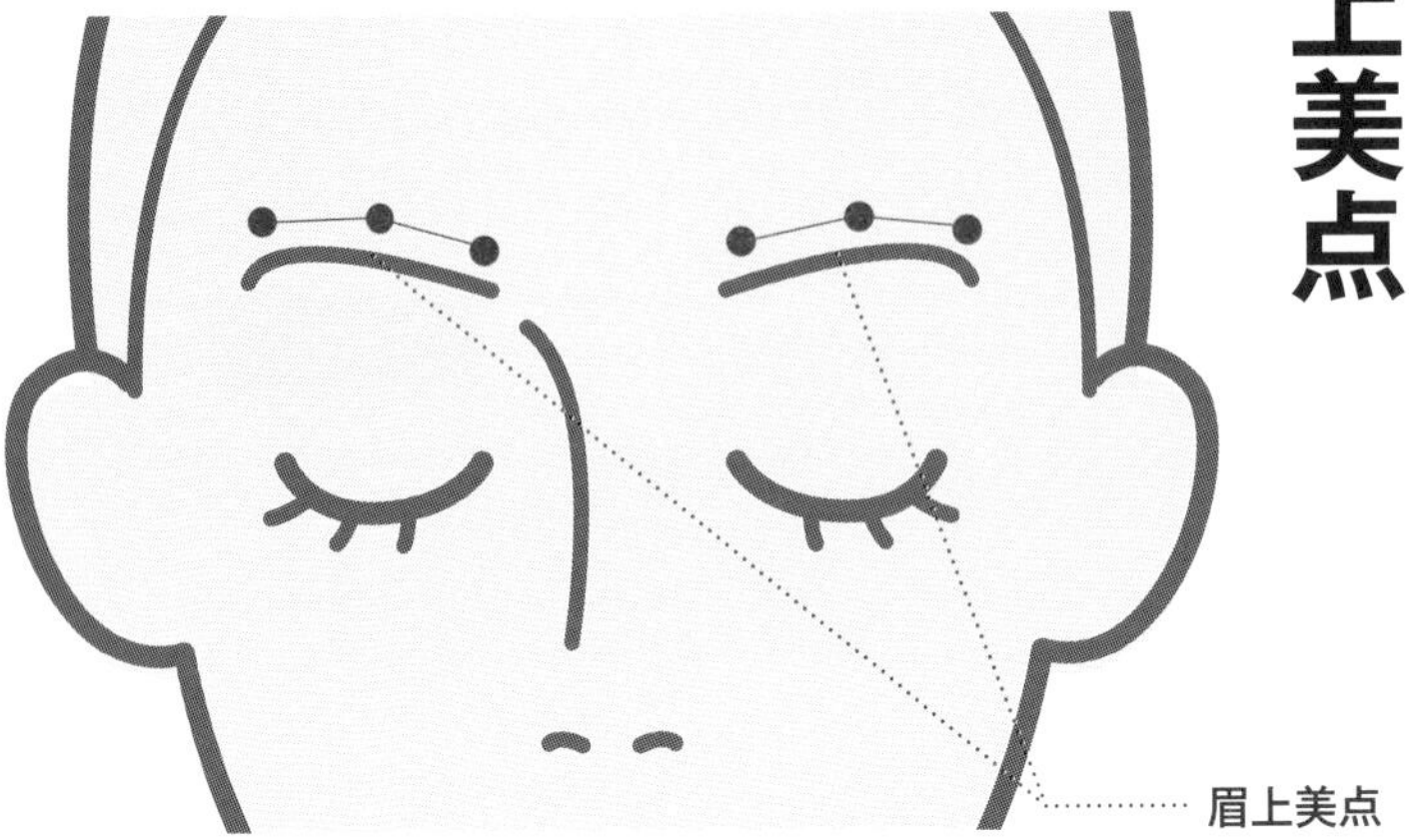

眉上美点は、まぶたを上げる筋肉のところにあります。

パソコンやスマホを常に使っている人たちは、瞬きが少なく、まぶたが開きっ放しのようになっています。そのため、まぶたを上げる筋肉を継続的に使っていて、緊張状態が続き、かなり疲れています。

目が疲れて重く感じる、眉間のしわが気になる、まぶたや目元のたるみが気になる……。そんな人には、眉上美点をとらえてしっかりマッサージすることが大切です。

ここは皺眉筋《しゅうびきん》などのしっかりした筋肉があるので、**気持ちよいところまでしっかり押す**と効果的です。

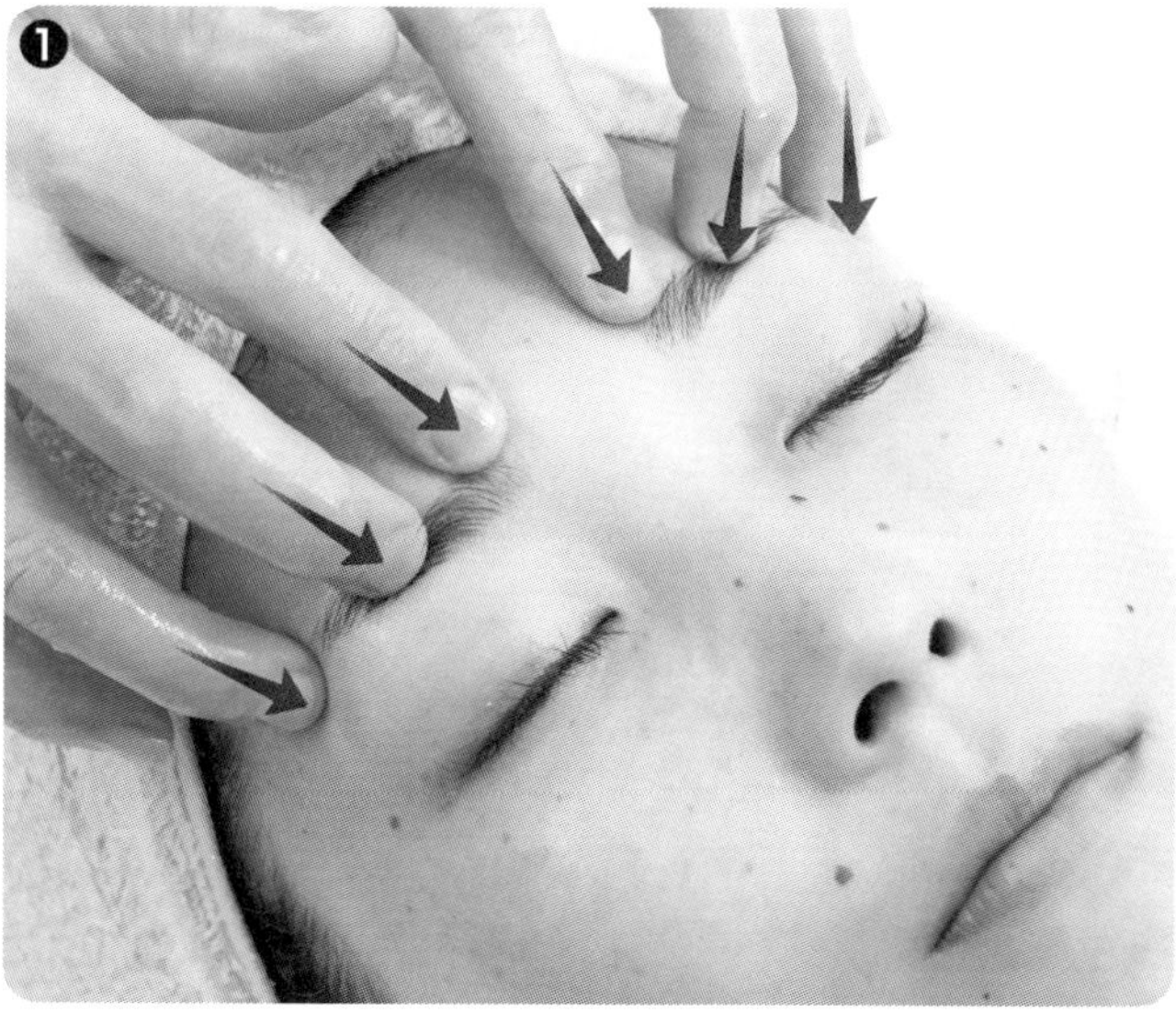

3本の指の指先を、眉に指が引っかかるようにとらえて押す。人差し指は眉頭に近いところを押さえ、中指は眉の真ん中で延長線上に黒目があたる位置、薬指は眉尻を押さえる。お客様が気持ちよく感じる程度までしっかり押す。

［強さ:4　長さ:4秒　2セット］

Point!

しかめっ面の筋肉「皺眉筋」をほぐす

パソコンやスマホによる疲労は皺眉筋のこりが原因。しっかりとらえて押しましょう。

美点マッサージ⑧

額美点

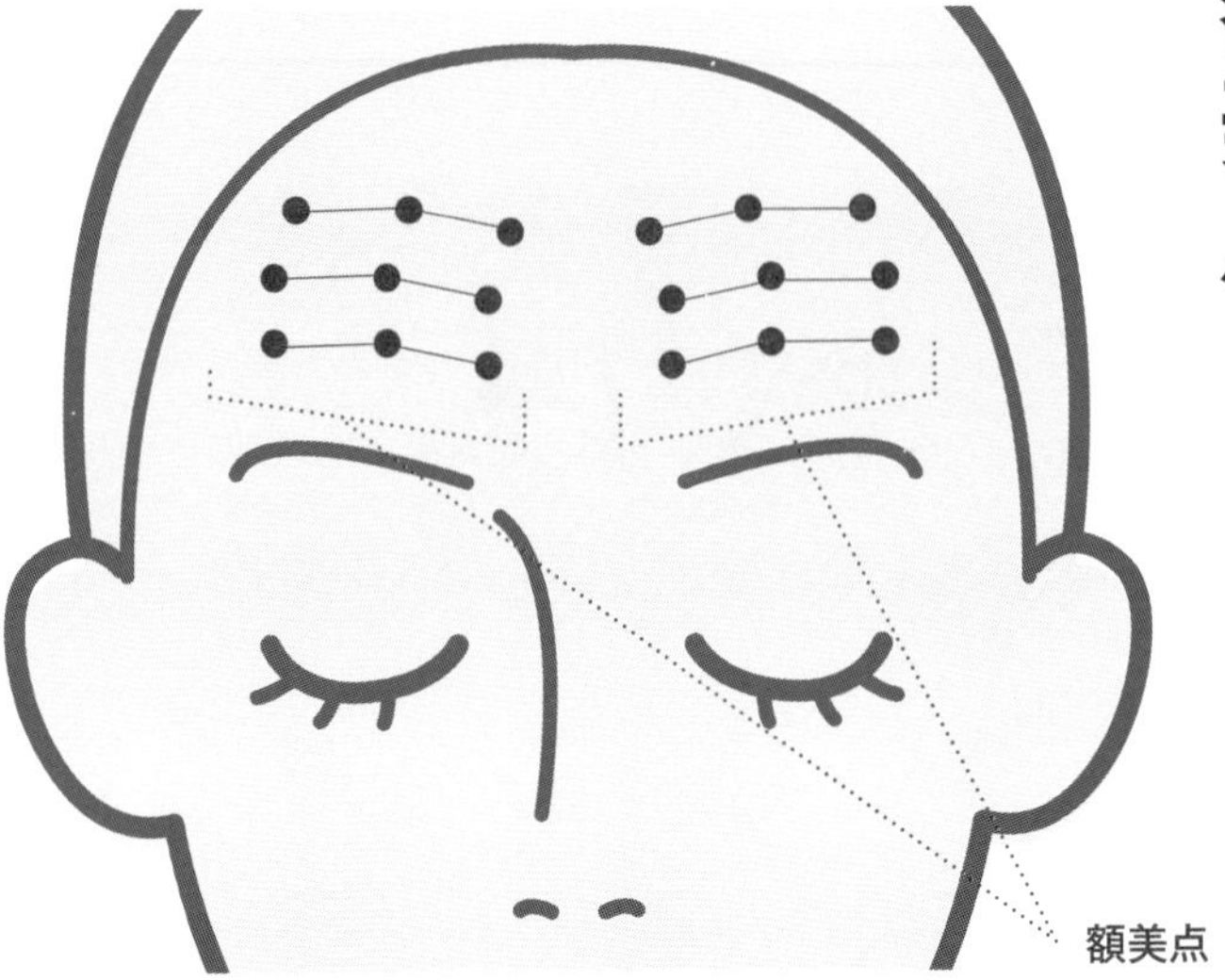

眉上美点とともに、額美点もまぶたを上げる筋肉のところにあります。パソコンやスマホを常に使って瞬きをせず、まぶたが開きっ放しのようになっている人は、この筋肉がずっと緊張状態になり、疲れています。

また、まぶたを上げ続けると、筋肉が固定されて、深いしわになってしまいます。額のしわは表情じわで、美点マッサージでかなり改善します。

Point!

額美点があるところは、筋肉なので、強めに、しっかりした力でほぐしましょう。

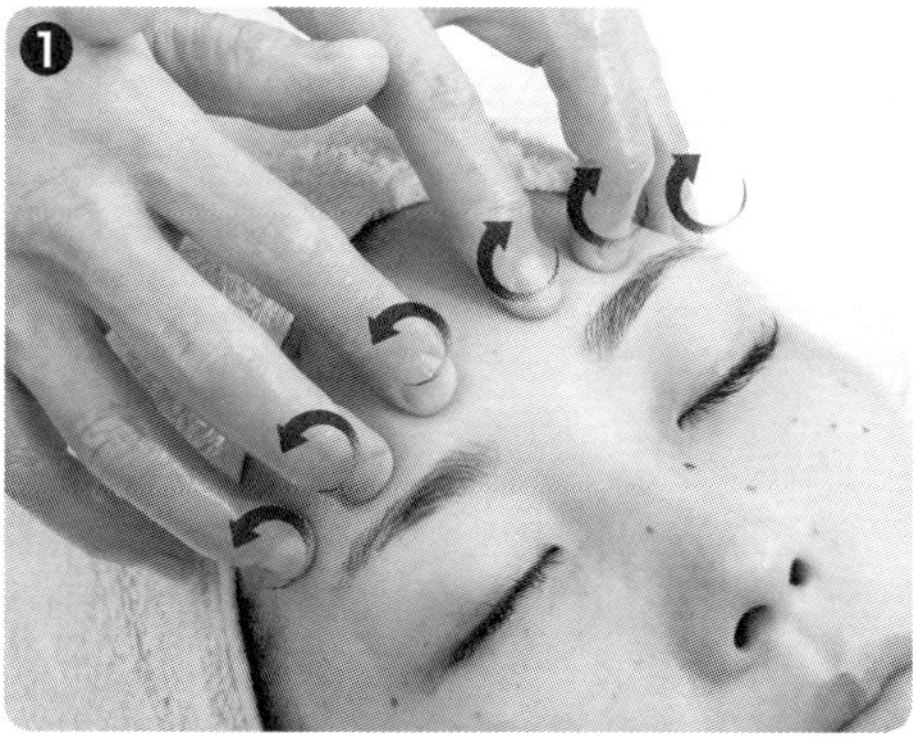

額美点1

眉上美点からそのまま1センチ上がったところに、指を3本置く。指先で5ミリくらいの小さな円を描くように動かす。指を皮膚から離さないこと。

［強さ:4　長さ:4秒
額美点1〜3までを2セット］

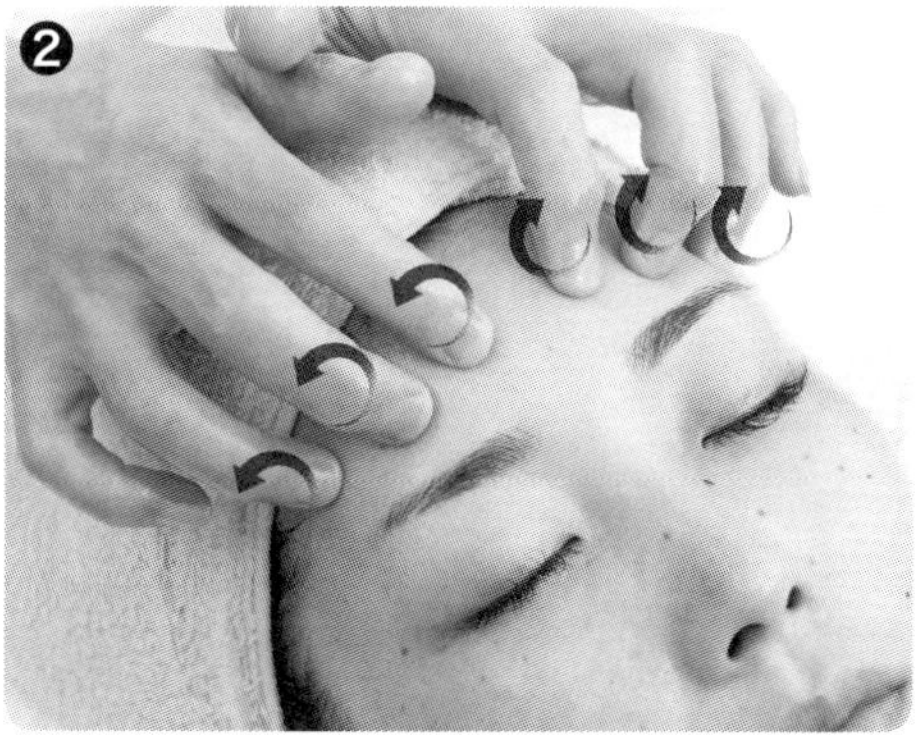

額美点2

さらに1センチ上に、3本の指先を置いて、同じように5ミリくらいの円を描く。

［強さ:4　長さ:4秒
額美点1〜3までを2セット］

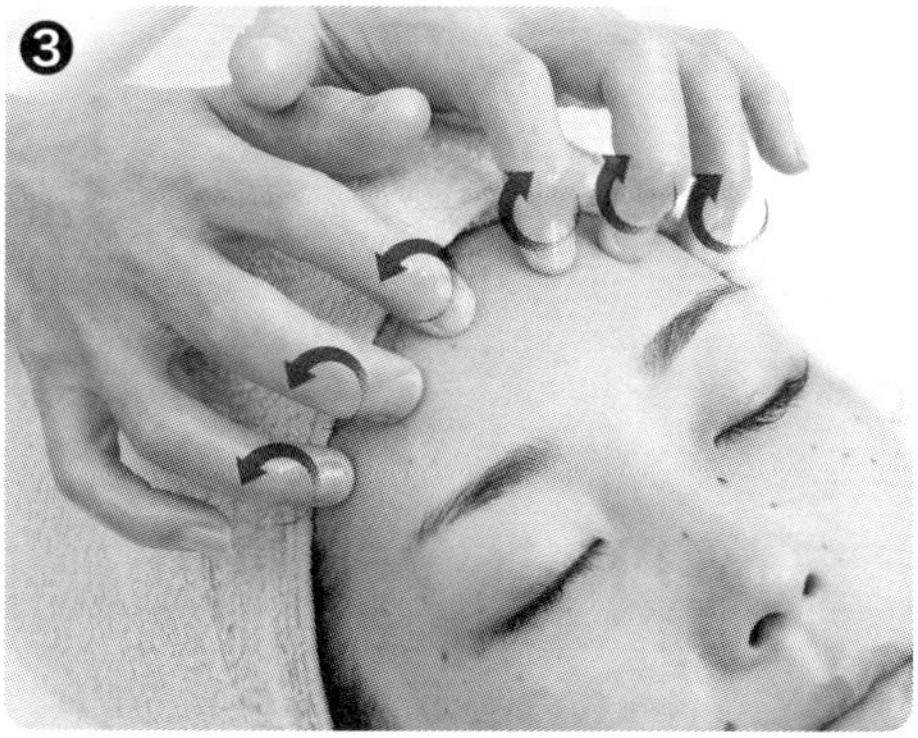

額美点3

それからもう1センチ上に、3本の指先を置いて、同じように5ミリくらいの円を描く。

［強さ:4　長さ:4秒
額美点1〜3までを2セット］

美点マッサージ⑨

こめかみ上中下美点

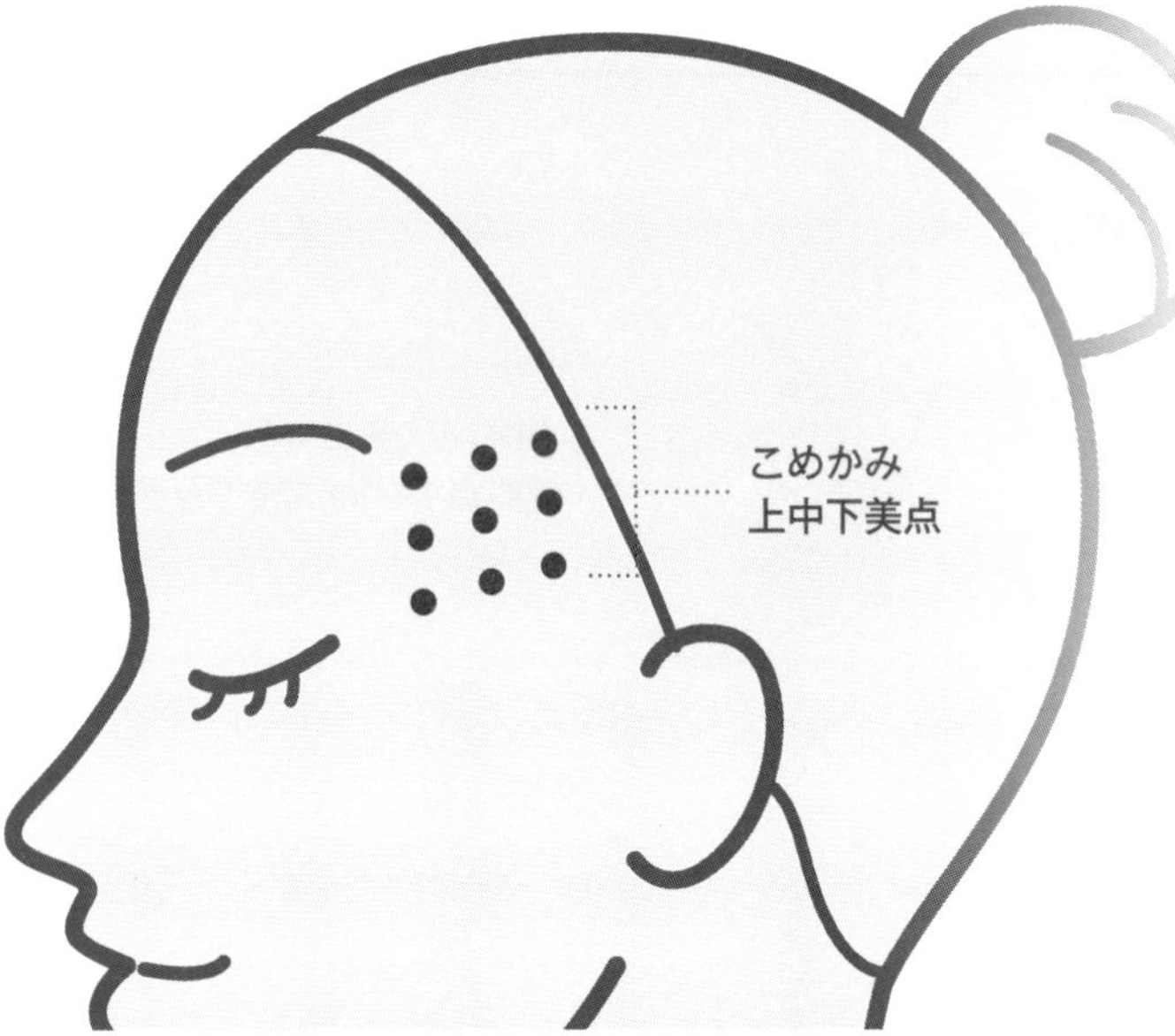

こめかみには、顔輪筋や側頭筋があります。長時間モニターを見続けるなど目を使いすぎると、こうしたこめかみの筋肉も緊張し、目の疲れも溜まります。さらに眼精疲労がひどくなると、こりが痛みに変わります。

こめかみ美点は目の疲れを取るだけでなく、顔のこわばりを取る場所でもあります。**頬のリフトアップや、目尻のしわにも効果的**です。こめかみも筋肉なので、しっかり押しましょう。

こめかみ美点は全部で9か所。すべて親指で同じ力で押します。

❶

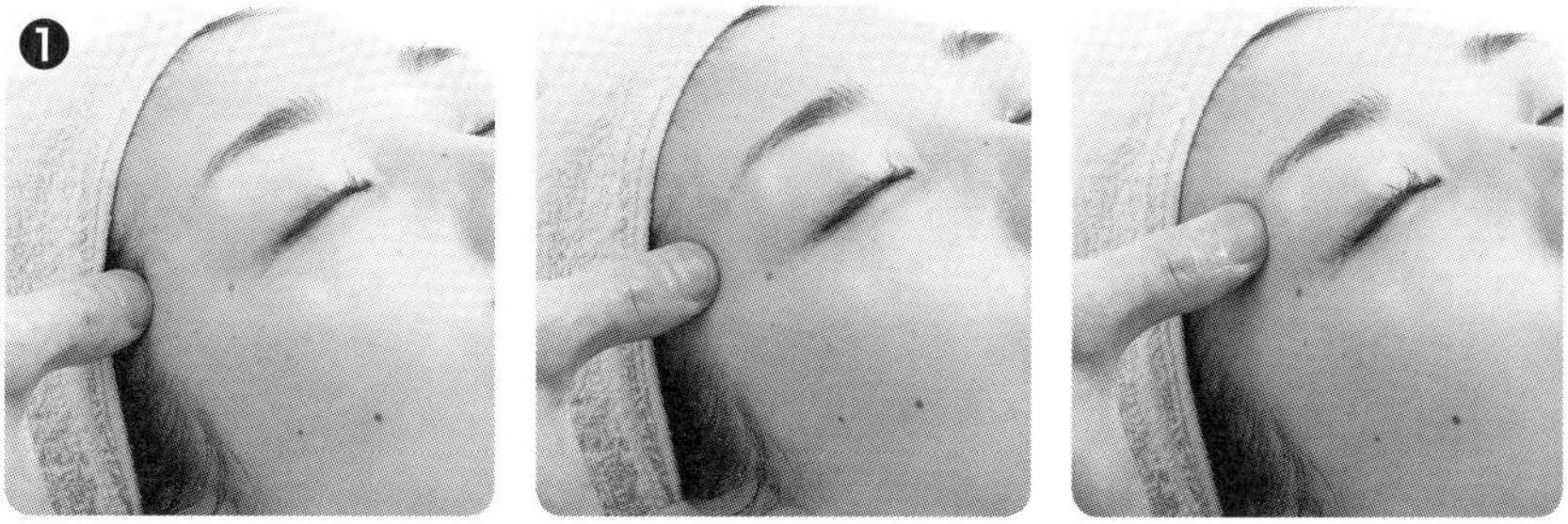

こめかみ美点上

まず眉尻に、親指を皮膚に対して垂直に立てる。次に、眉尻からそのまま１センチ横、それから生え際、以上３点を同じように親指で押す。

［ 強さ:5　長さ:4秒　こめかみ美点上〜下を2セット ］

❷

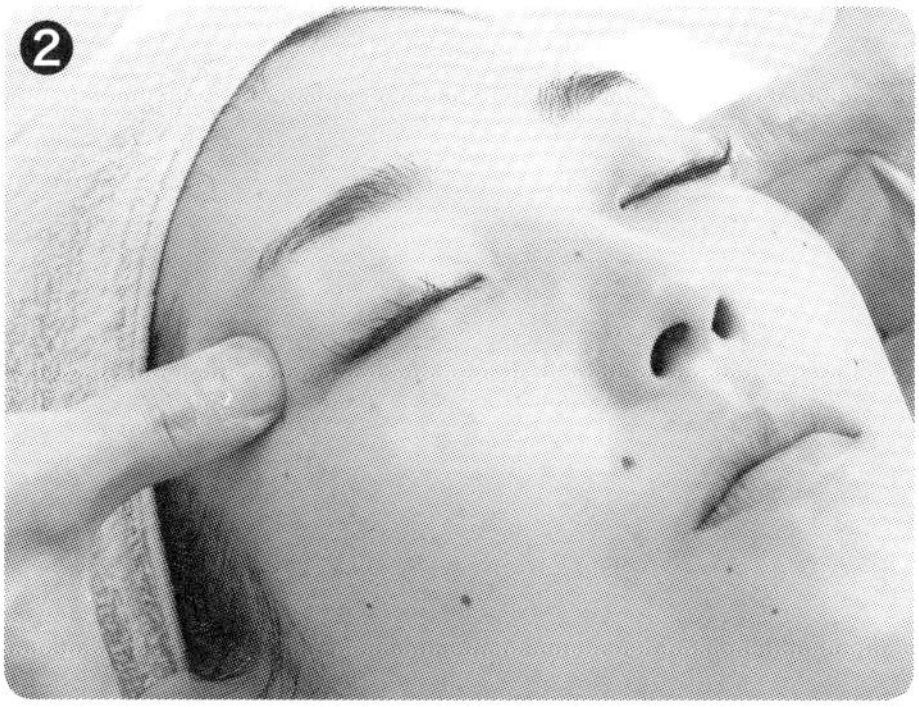

こめかみ美点中

眉尻と目尻の間に親指を置き、同じように５の力で４秒間押す。そのまま１センチ横、それから生え際、以上３点を押す。

［ 強さ:5　長さ:4秒　こめかみ美点上〜下 を2セット］

❸

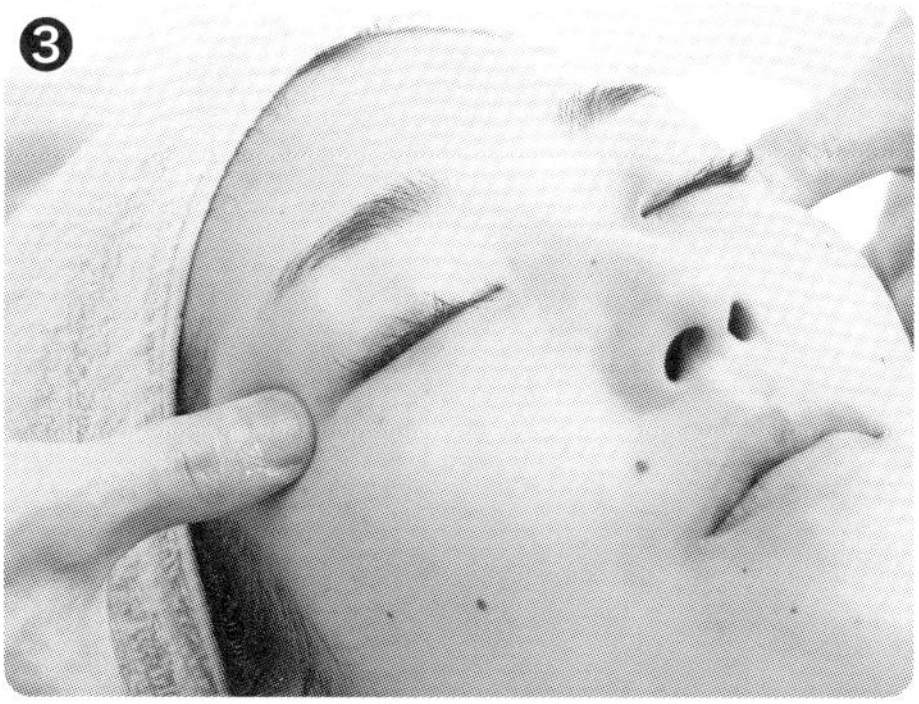

こめかみ美点下

親指を目尻に置く。注意としては、目尻より下に親指を置かないこと。同じように、５の力で４秒間押す。そのまま１センチ横、生え際、以上３点を押す。

［ 強さ:5　長さ:4秒　こめかみ美点上〜下を2セット ］

美点マッサージ⑩

頬骨上美点

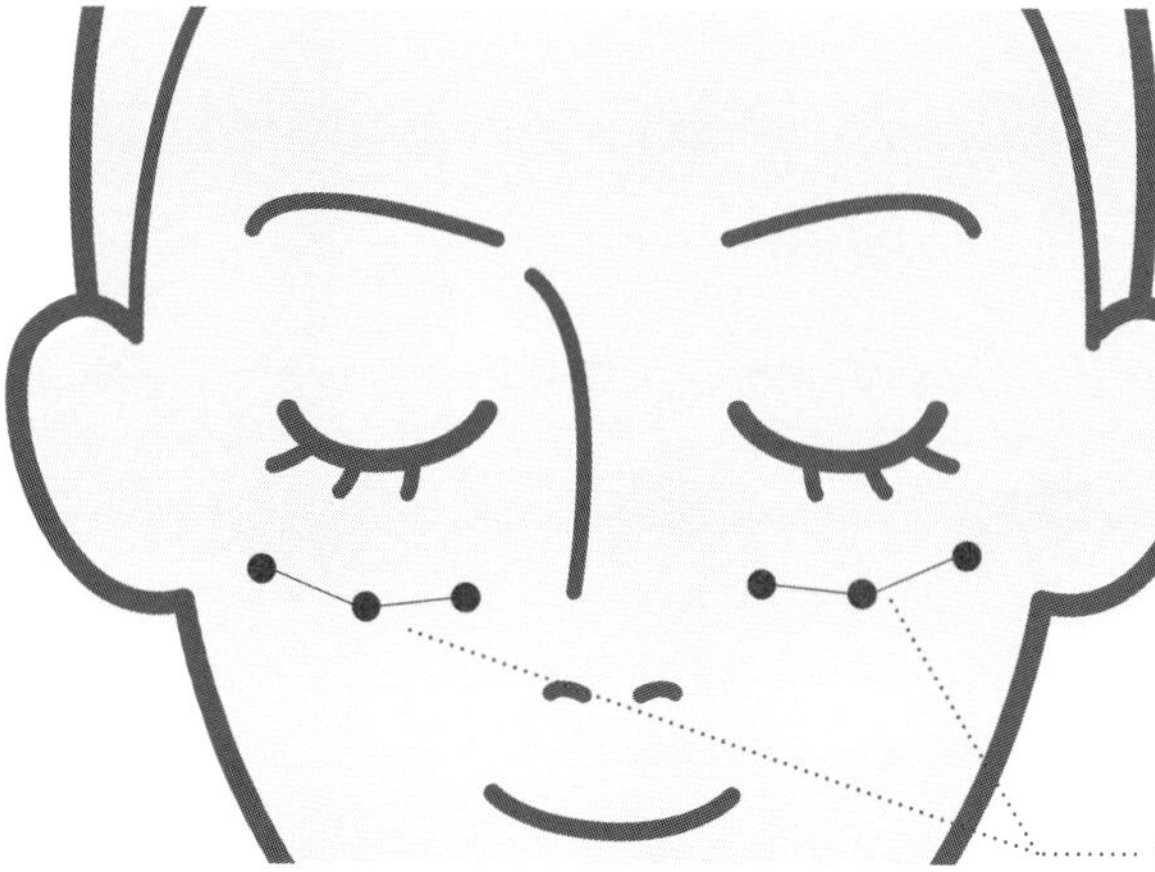

頬骨には顔輪筋、口角挙筋など、さまざまな浅層筋、深層筋が複雑についています。

眼精疲労の人は、目の下美点から頬骨上美点を押すと、意外とこっているのが感じられるところです。

ここは筋肉なので、**しっかり押す**といいでしょう。ただ、**皮膚が薄いので、決して指先を動かさないで、ただ押すだけに留めます**。

基本的には4秒間2回押せば充分ですが、かなりこっている人は、少し回数を多くしてもかまいません。

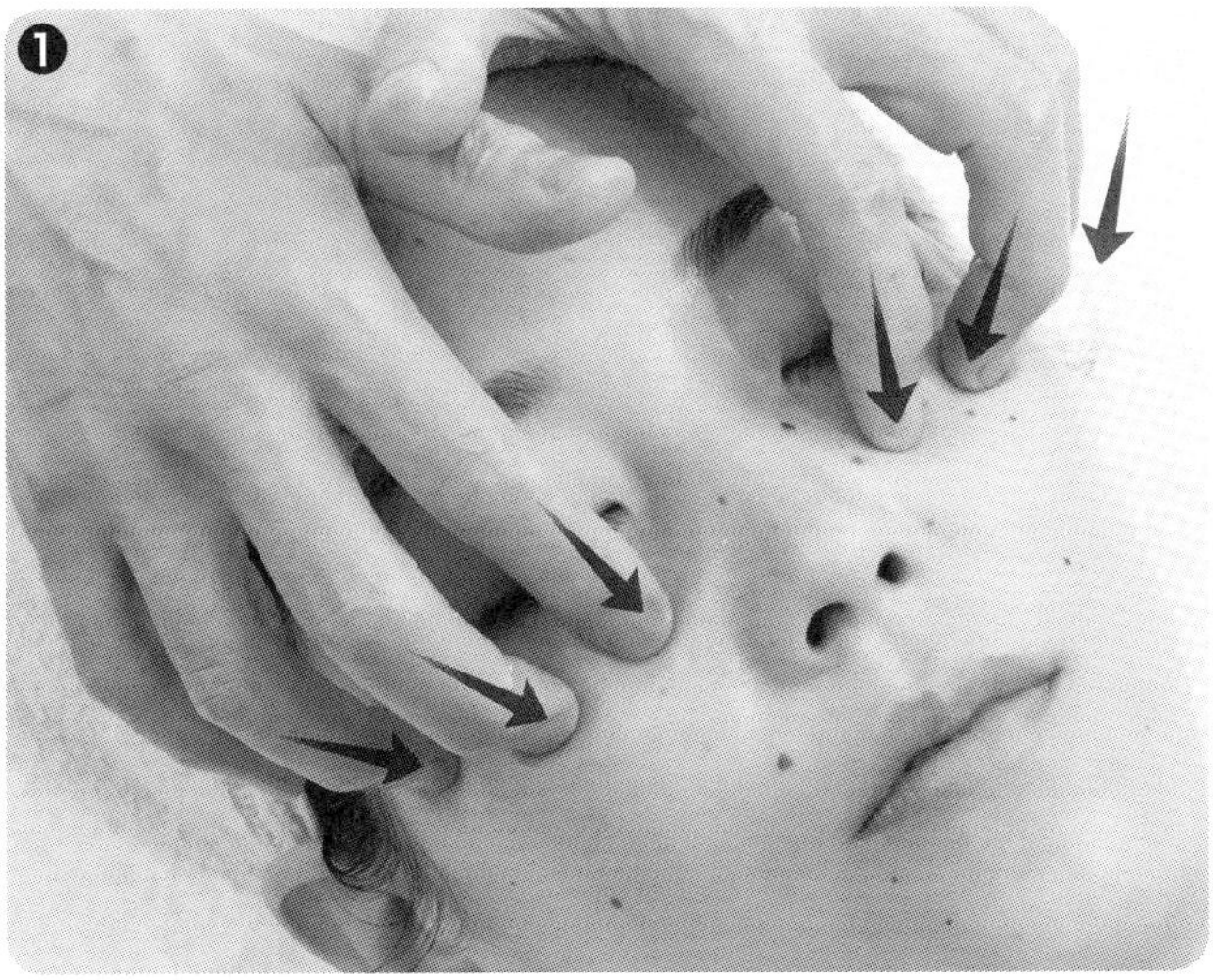

頬骨の上に、３本の指を置く。
指は動かさないで、しっかり押す。こすらないように注意。

［ 強さ:4　長さ:4秒　2セット］

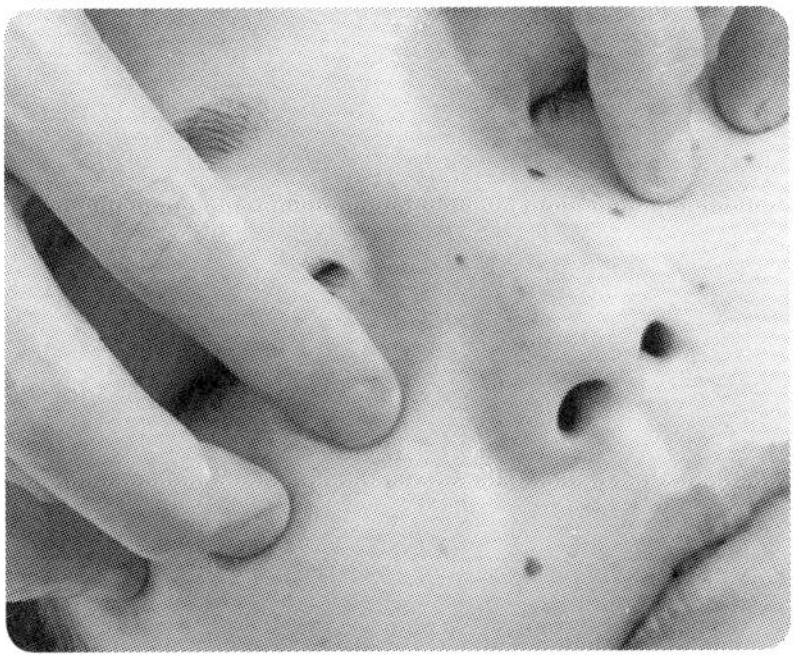

Point!

目の下のしわやたるみやクマが気になる人は、目の下美点と同じように大切なところなので、回数を多くしてもかまわない。

美点マッサージ⑪

首美点

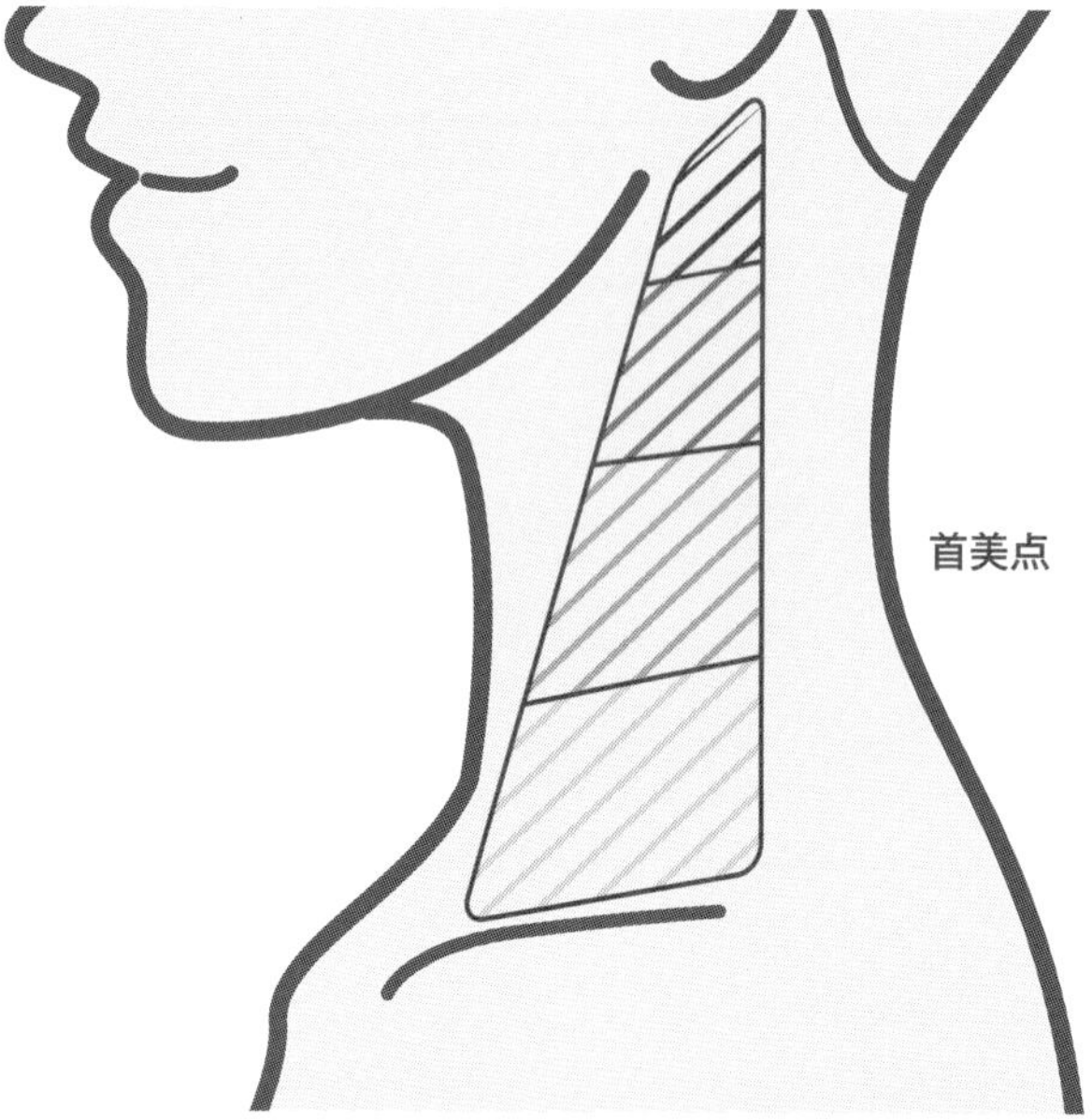

眼精疲労がある人は、ほとんど首美点がこっています。首美点の筋肉の下には、頸動脈、頸静脈、迷走神経（副交感神経）が走っています。新鮮な血液を運ぶのが頸動脈、代謝した老廃物を流すのは頸静脈です。首美点がこるとそれらを圧迫し、緊張感が続いて副交感神経の働きも滞ります。上下水道のようなもので、下水管がつまり、老廃物や新鮮な血液も流れにくくなるのです。

首美点を押して下水管を流し、新鮮な血液を運んでもらいましょう。顔全体の流れ、目のまわりの流れもよくなり、迷走神経がスムーズに働き、リラックスできます。眼精疲労だったら、自分自身でここだけでもほぐせると非常に楽になります。

とてもこっている人は8セットくらいすると、なお効果的。普通のフェイシャルケアの中では、8～16セット、5分かけてほぐします。

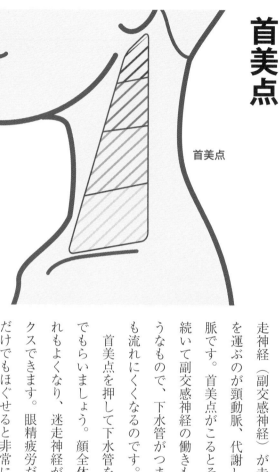

Point!

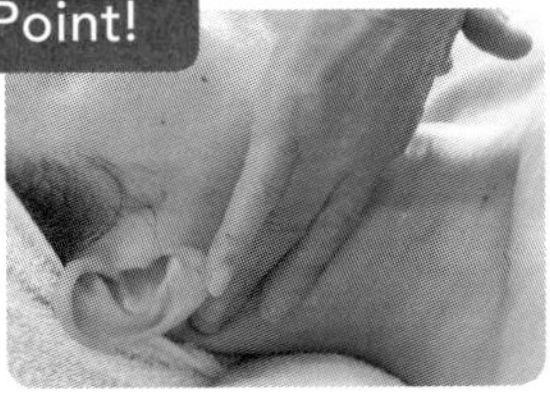

耳の下、胸鎖乳突筋、鎖骨、これらを結んだ首の横から前にかけての三角形の部分を全部ほぐす。三角形の底辺ほど、美点は距離が長くなる。首を円柱ととらえると、指を首の曲線にフィットさせ、その中心に向かうように圧をかける。

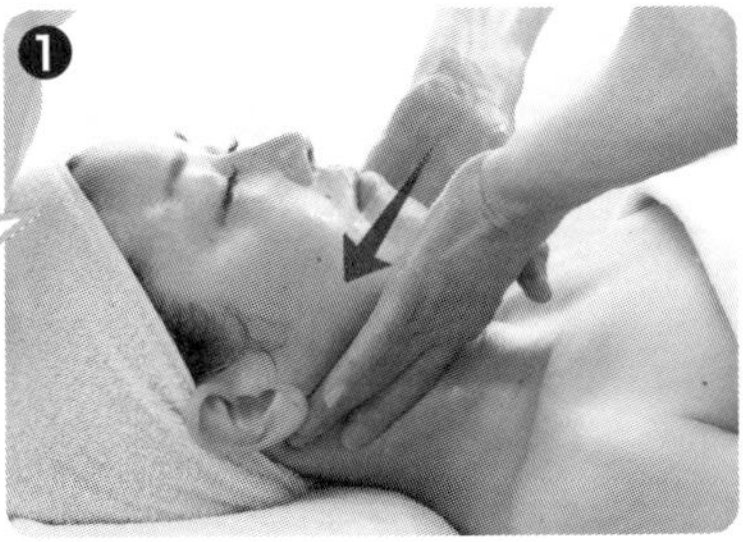

首美点1
3本の指の第一関節くらいまでを使って押す。

［ 強さ:4　長さ:4秒
首美点1～4を4セット ］

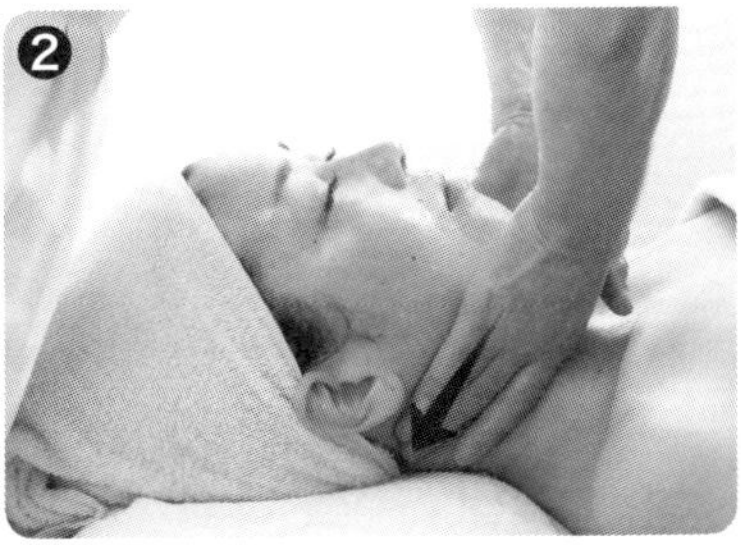

首美点2
3本の指の腹を使って、同じように押す。

［ 強さ:4　長さ:4秒
首美点1～4を4セット ］

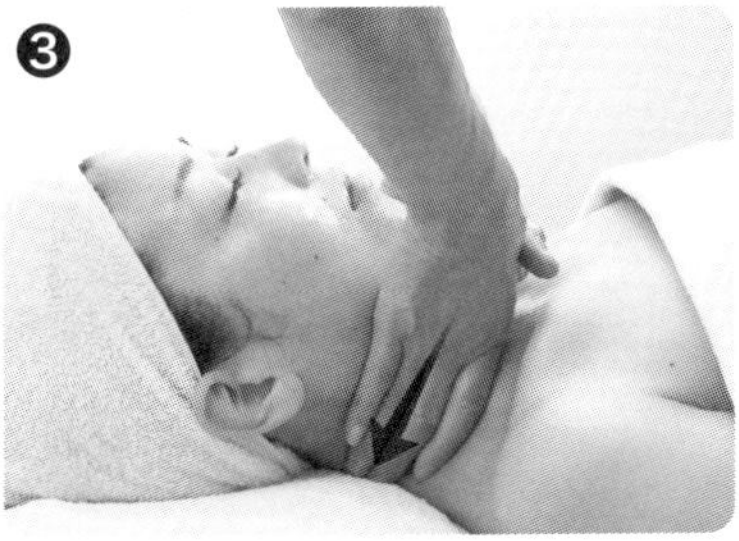

首美点3
指全部を使って押す。

［ 強さ:4　長さ:4秒
首美点首美点1～4を4セット ］

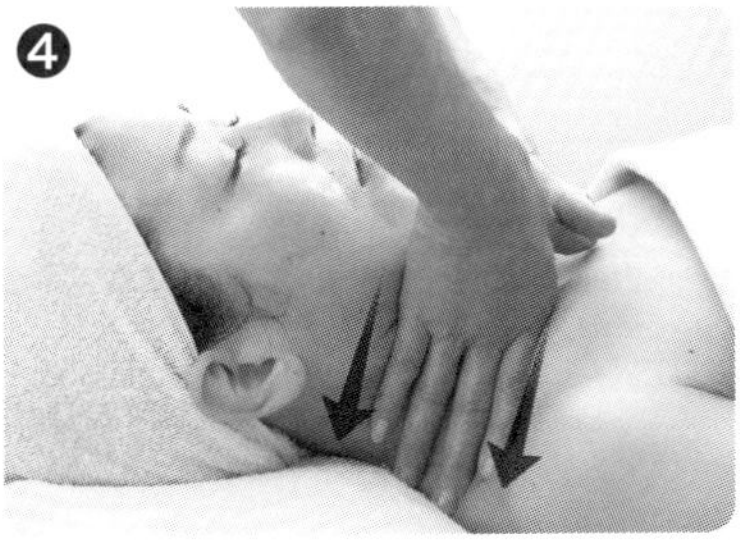

首美点4
指から手のひら全部を使って押す。

［ 強さ:4　長さ:4秒
首美点1～4を4セット ］

美点マッサージ⑫

生え際耳上美点

顔と頭皮の境い目が生え際です。耳上の生え際には側頭筋があります。

この部位で特徴的なのは、顔の皮膚と頭皮が交差している構造です。

皮膚の中に筋肉が入り込んでいるのは顔だけ。だから、豊かな表情が生まれるのですが、同時に表情じわもできてしまいます。

特に目を使うときに使う筋肉なので、疲れが溜まりやすい場所です。顔全体もほぐれるので、よくほぐしましょう。

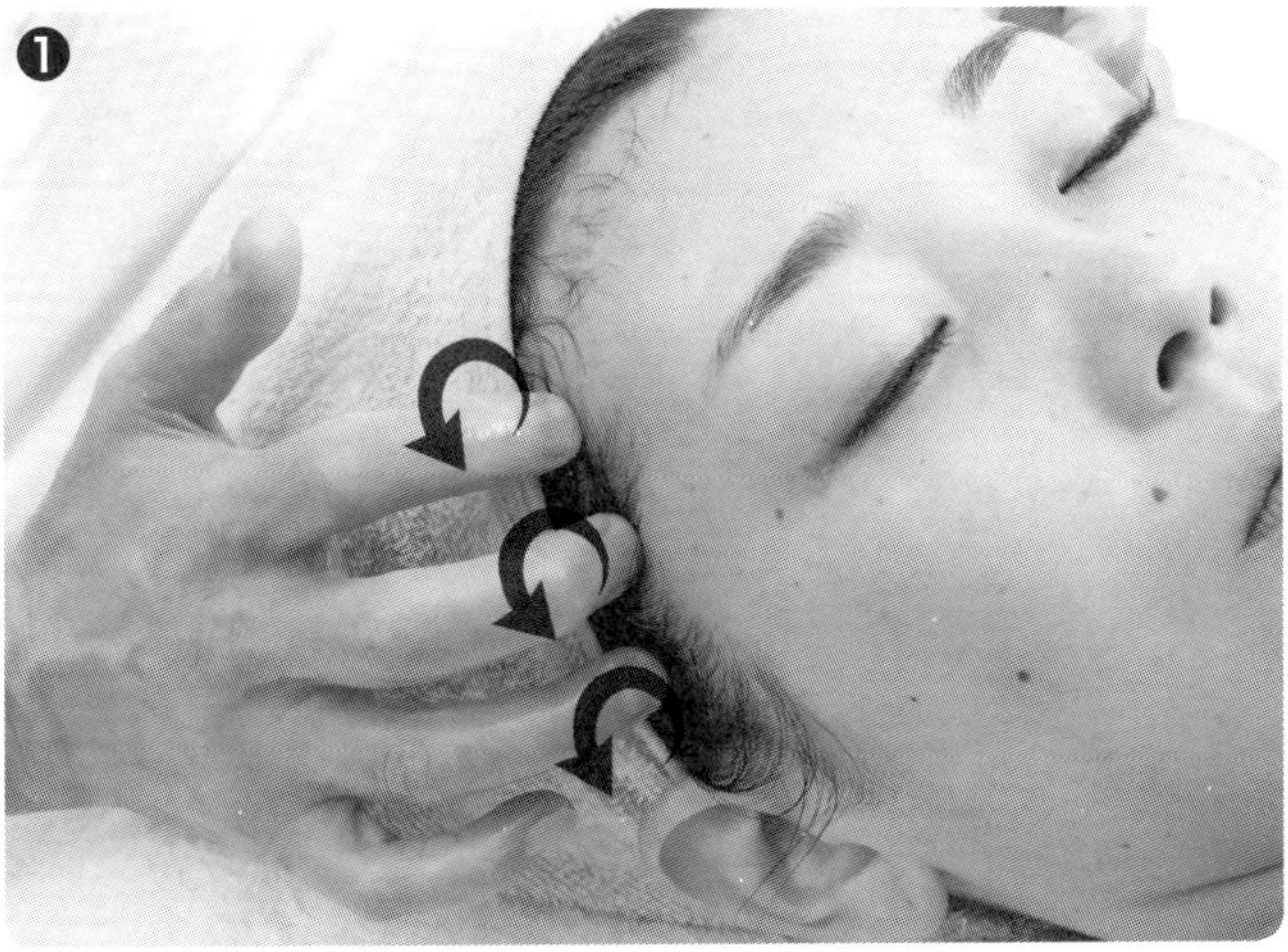

耳の上に薬指を、1.5センチくらい開けて中指、さらに1.5センチくらい開けて人差し指を、生え際に沿って置く。
皮膚に指を置いたまま、4の力で、直径1センチくらいの円を描く。このとき、上に上がるとき強く、下に下がるときは弱く、強さを変化させることを心がけると、気持ちよさが全然違う。

［強さ:上がるとき4、下がるとき1　長さ:4秒
生え際耳上美点と生え際額美点を2セット］

Point!

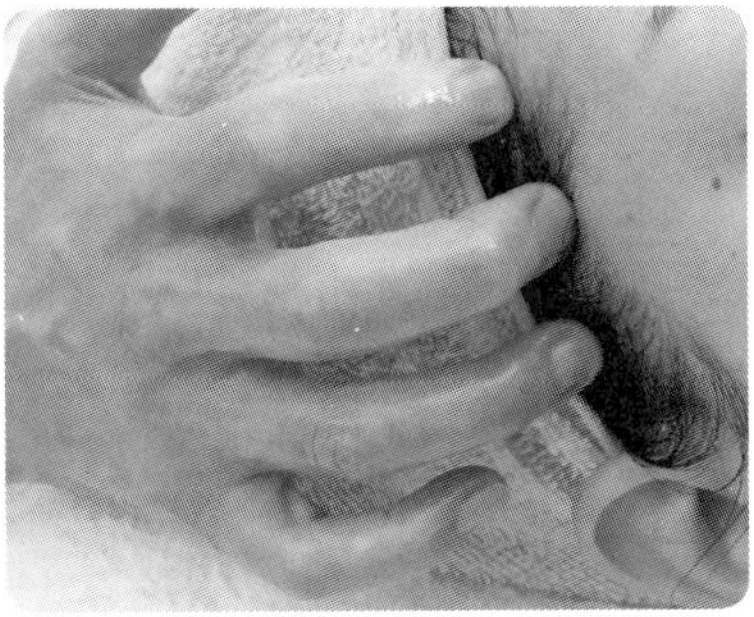

指先でこりをとらえて緩急をつけながら、円を描くようにマッサージするのがコツです。

美点マッサージ⑬

生え際額美点

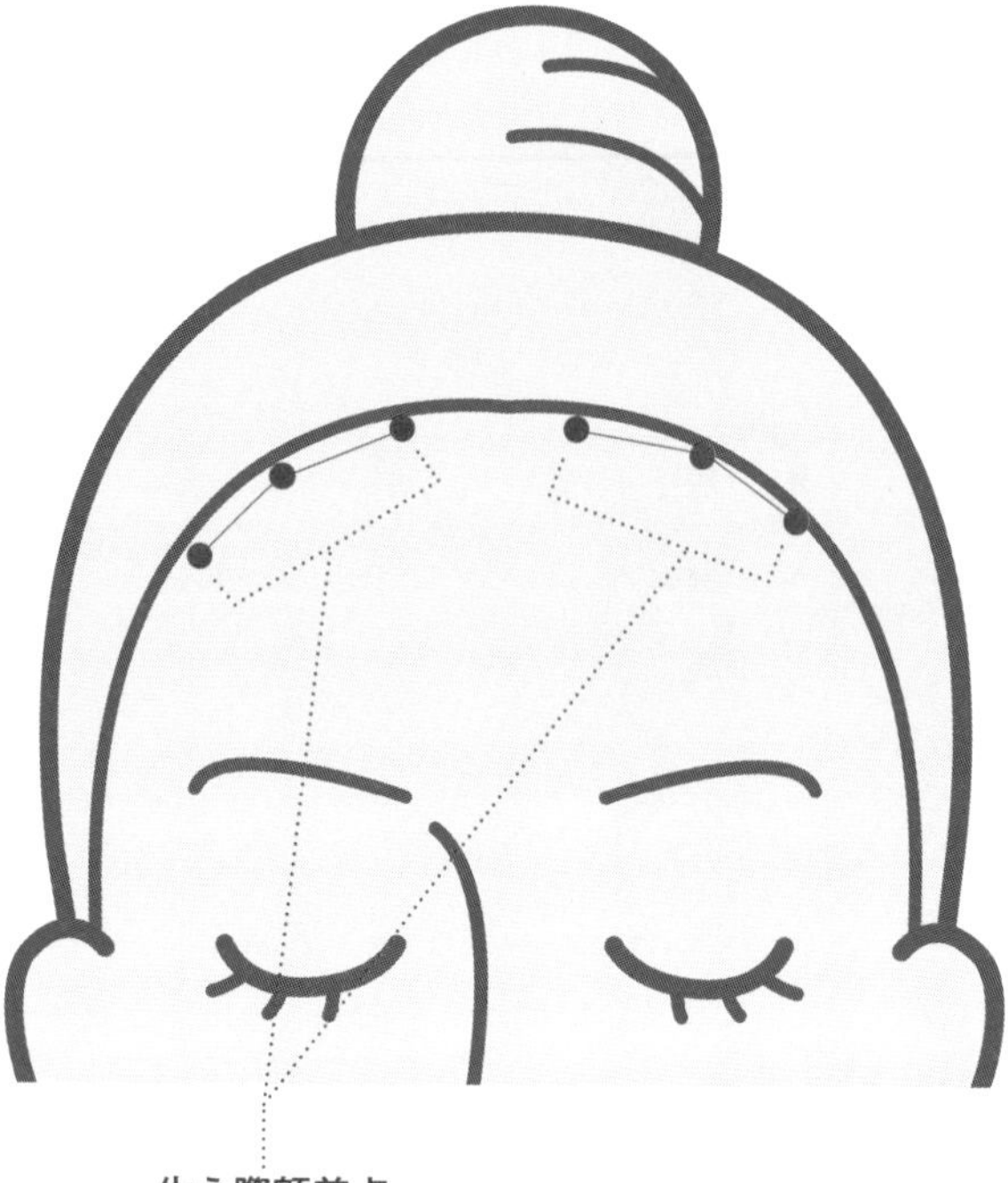

生え際耳上美点と同じく、顔と頭皮の境い目です。ここには前頭筋があります。

特にまぶたを上げるときに額の筋肉と連動して働くので、スマホやパソコンなど目を酷使している人は、疲れが溜まりやすい場所です。

頭の疲れも取れるので、よくほぐしましょう。

額の生え際に 1.5 センチくらい開けて指を３本置き、生え際耳上美点と同じように直径１センチくらいの円を描くように押す。引き上げるときに強さを４、下がるときに１の力を加える。

**[強さ:上がるとき4、下がるとき1　長さ:4秒
生え際耳上美点と生え際額美点を2セット]**

Point!

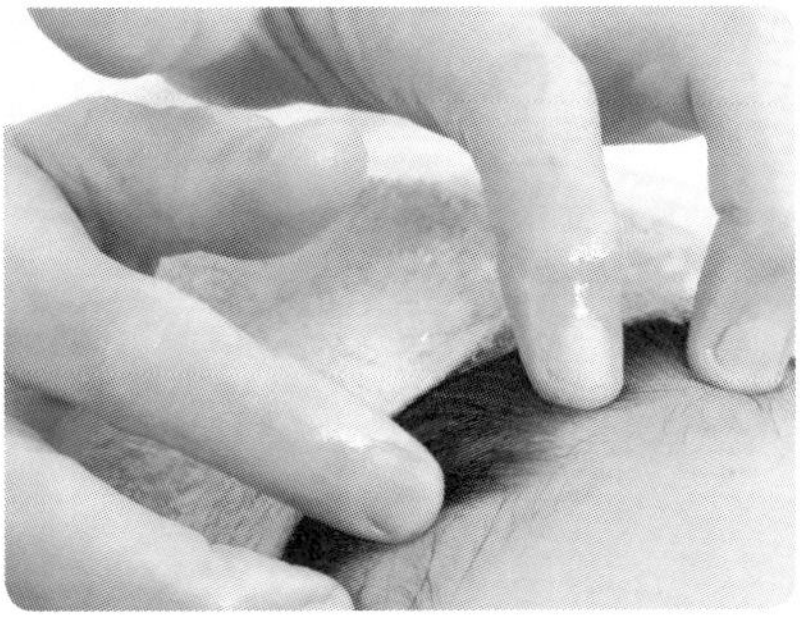

生え際耳上美点と同じように、指先で美点をとらえ、緩急をつけて円を描くようにマッサージします。

美点マッサージ⑭

側頭部美点

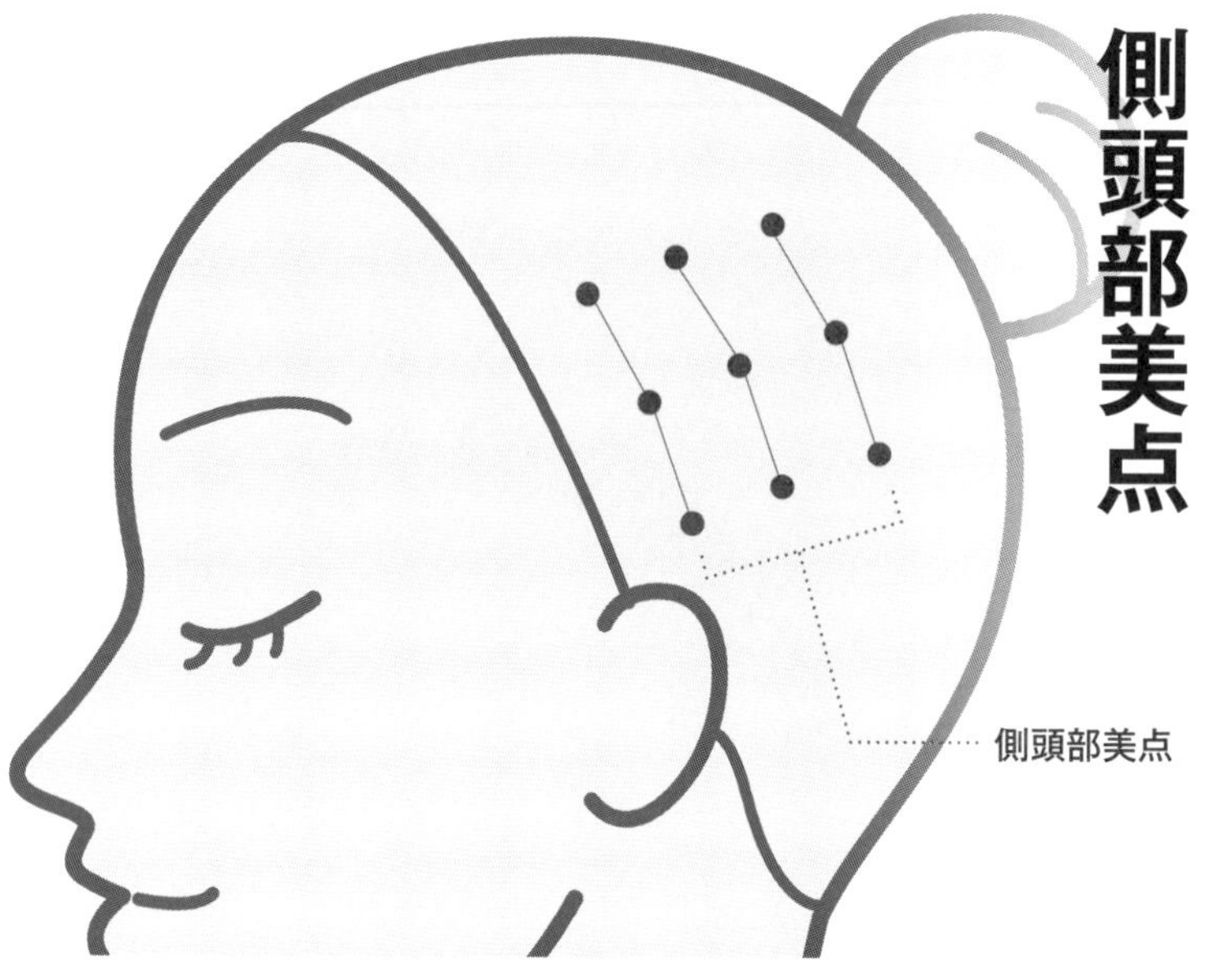

側頭部美点は側頭筋のところにあります。こめかみからの続きで、目を使うと疲れやすい場所なので、ていねいにほぐします。

ここはどこでも気持ちよく感じる場所なので、場所を厳密にしなくてもかまいません。

指を頭皮から離さないで、頭皮を頭蓋骨からはがすようなイメージで行うと効果的です。引き上げるときに力を入れるとほぐれるので、引き上げるときに4、下がるときに1の力で円を描くと、筋肉がよくほぐれ、気持ちよく感じます。

ほぐれる、効果がある、というのは、イコール気持ちがよいということです。身体にとっていいことは気持ちがいいのです。施術者にとって、お客様が気持ちいいと感じていただけたらＯＫです。

❶
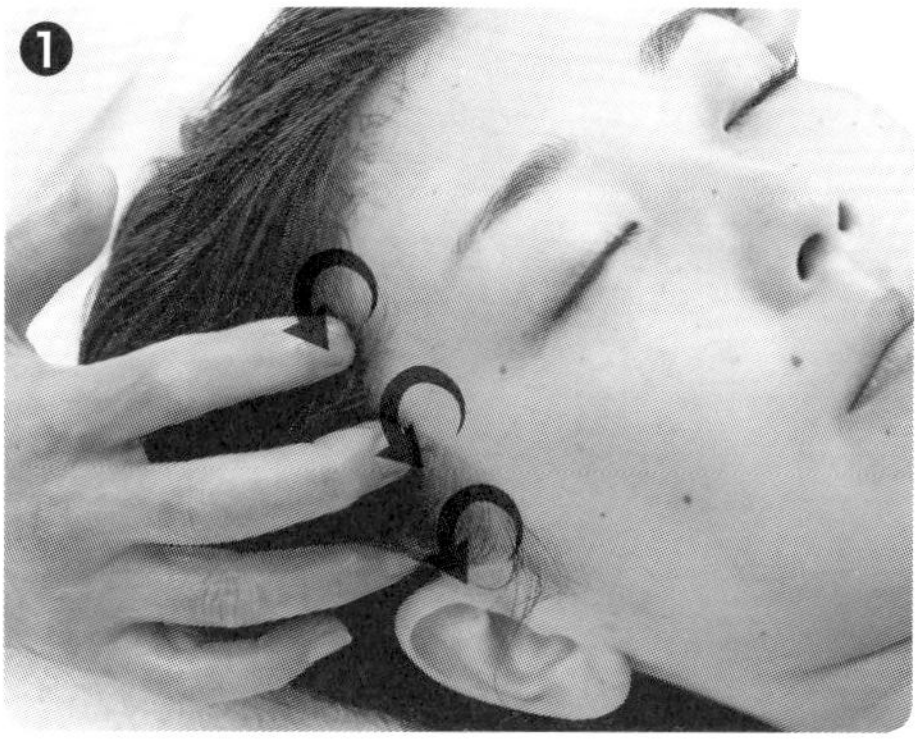

側頭部美点下

生え際耳上美点から約1.5センチぐらい中に入ったところに、3本の指を置く。今度は、指と指の感覚を2センチくらいの広めに取る。指先で直径1センチくらいの円を描くように押していく。

［強さ:4　長さ:4秒　側頭部美点下中上を2セット］

❷
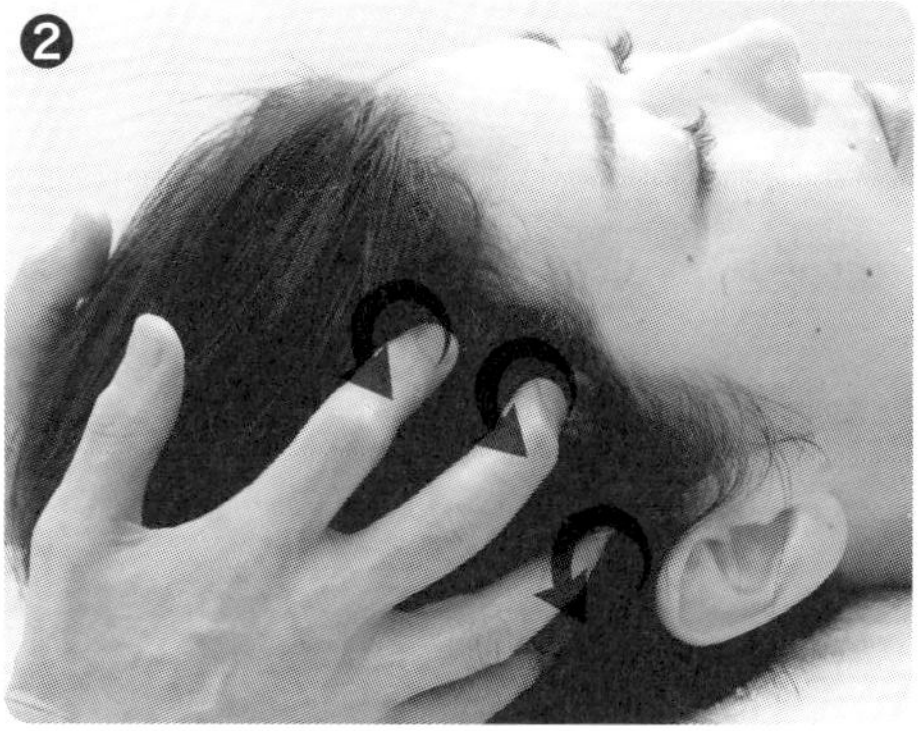

側頭部美点中

さらに1.5センチ内側に3本の指を入れて、同じように押していく。

［強さ:4　長さ:4秒　側頭部美点下中上を2セット］

❸
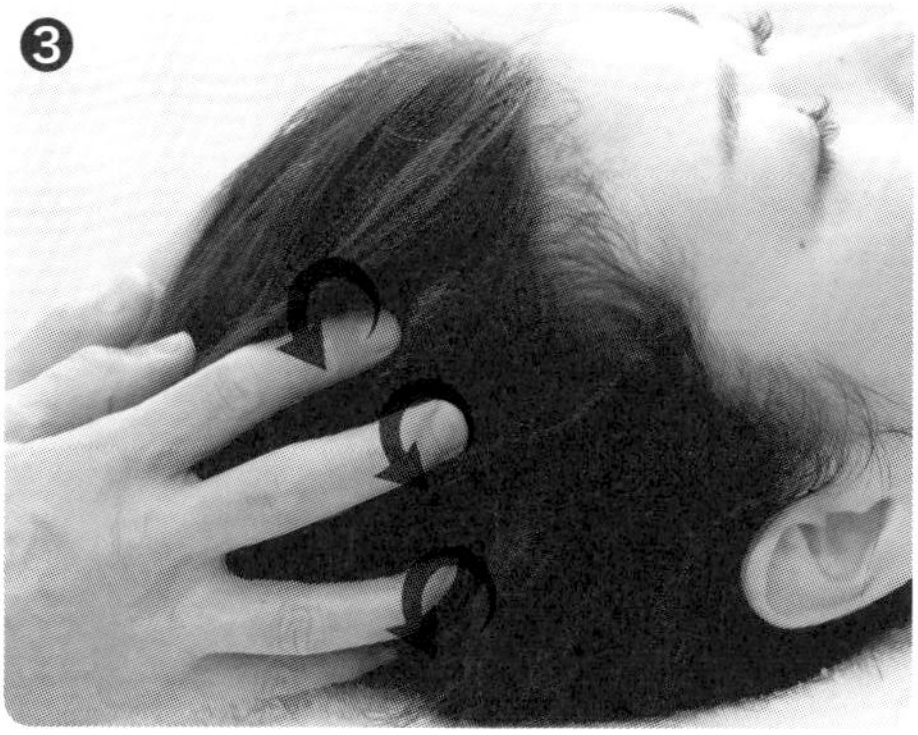

側頭部美点上

さらに1.5センチ内側に3本の指を入れて、同じように押していく。

［強さ:4　長さ:4秒　側頭部美点下中上を2セット］

美点マッサージ⑮

頭つけ根美点

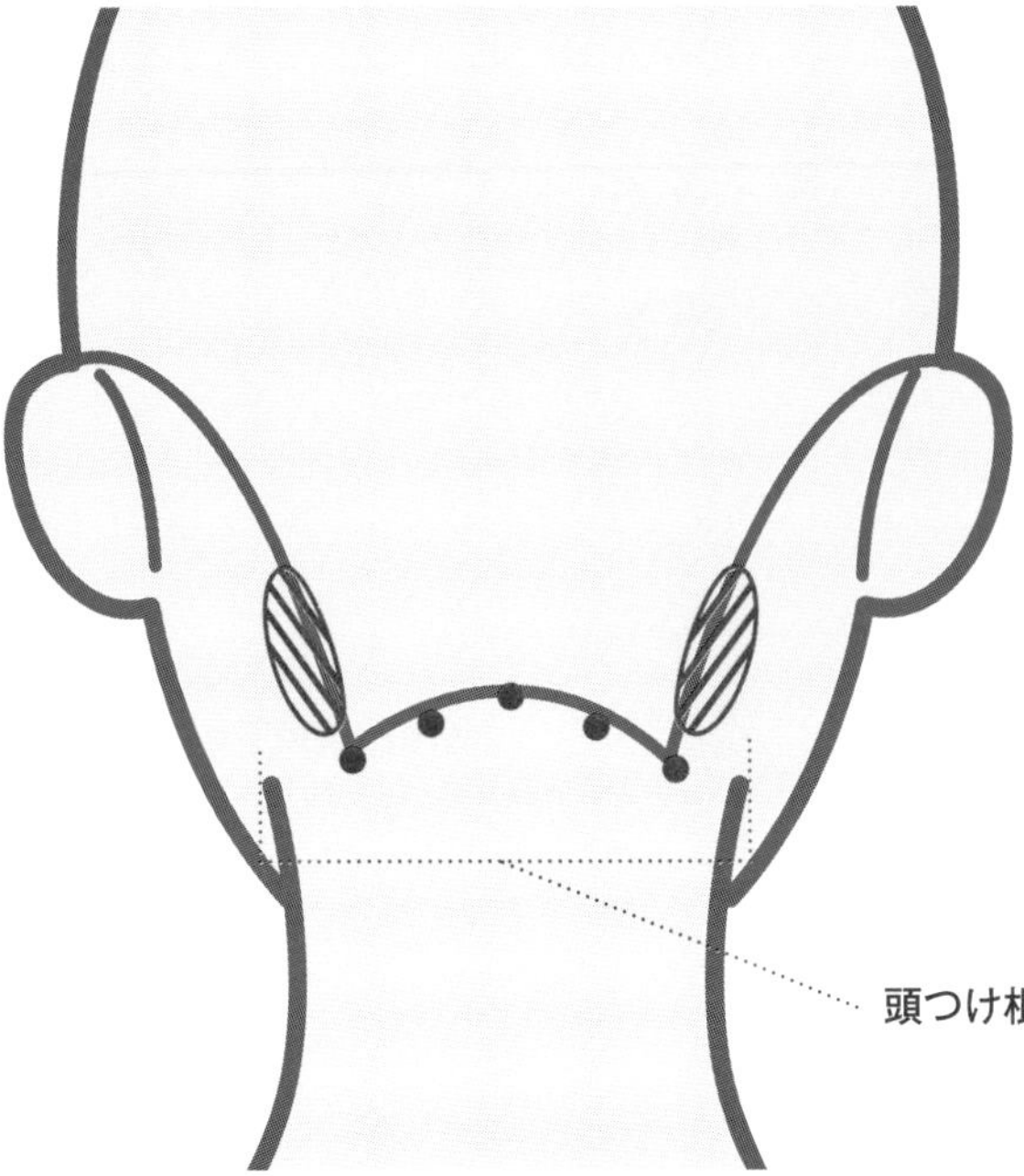

頭部と首のジョイント部分から視神経が出ているといわれ、眼精疲労の人はだいたい疲れる場所です。

ここがこると、**眼精疲労からくる吐き気や頭痛の要因**になります。**しっかりほぐすと、目の疲れだけでなく、気分もスッキリしますので、非常に大切な場所**です。

頭つけ根美点の1、2、3は中指を使ってしっかり押しますが、4だけは3本の指で押します。ここは強い力で押すと危険なので、3の力で押します。

押す方向が微妙に違うので注意しましょう。

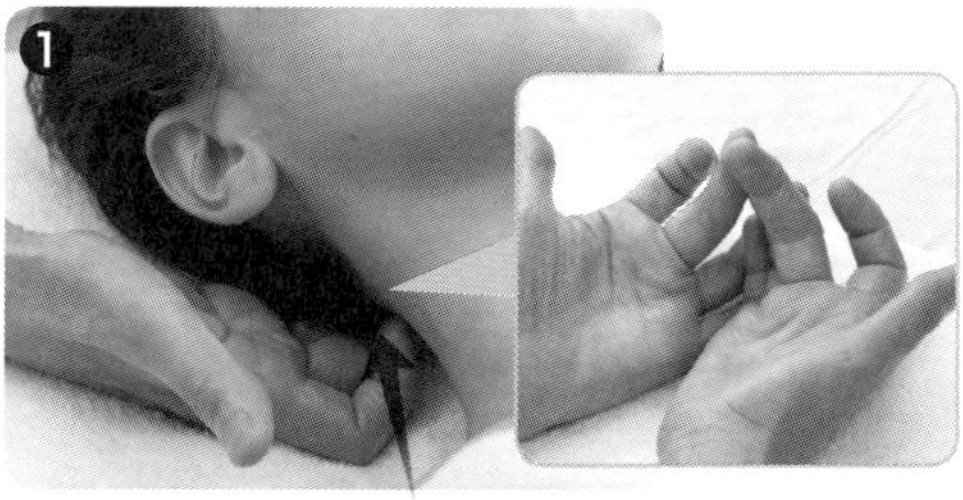

頭つけ根美点1

頭蓋骨と首のジョイント部分の真ん中に、中指の指先を左右重ねて置く。斜め上方向の額の生え際真ん中に向けて圧を加える。

［ 強さ:5　長さ:4秒　頭つけ根美点1～4を2セット ］

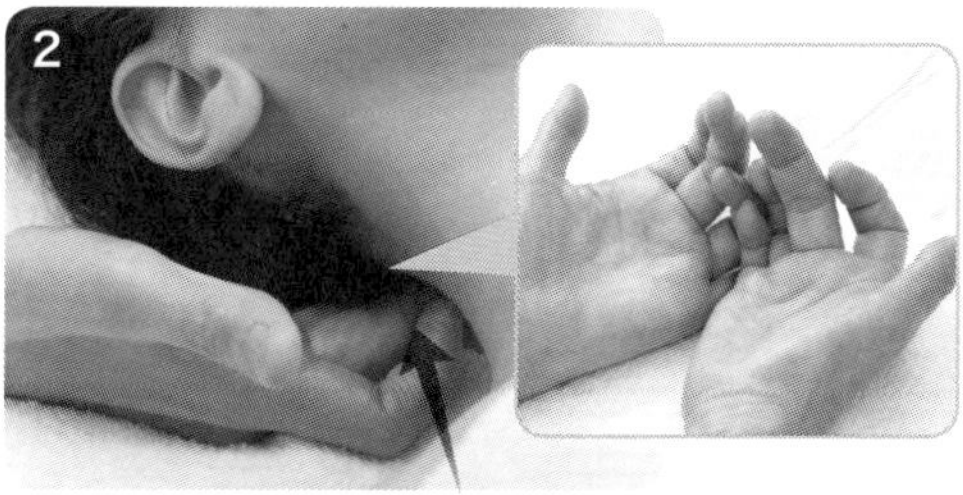

頭つけ根美点2

中指の指先を1センチくらい離して置く。美点1の少し外側に向けて押す。

［ 強さ:5　長さ:4秒　頭つけ根美点1～4を2セット］

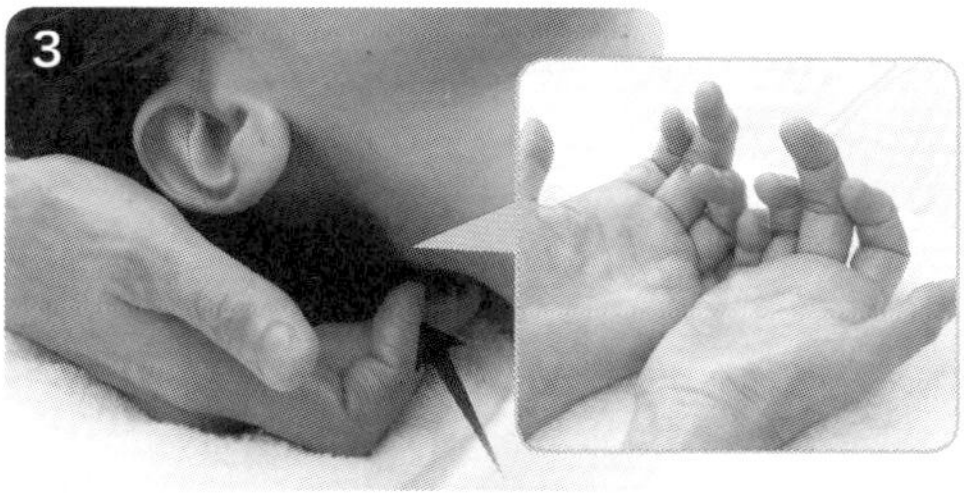

頭つけ根美点3

中指の指先を2センチくらい離して置く。首の後ろにあるかたく太い筋肉の上を斜め上方向、額の生え際に向けて押す。

［ 強さ:5　長さ:4秒　頭つけ根美点1～4を2セット ］

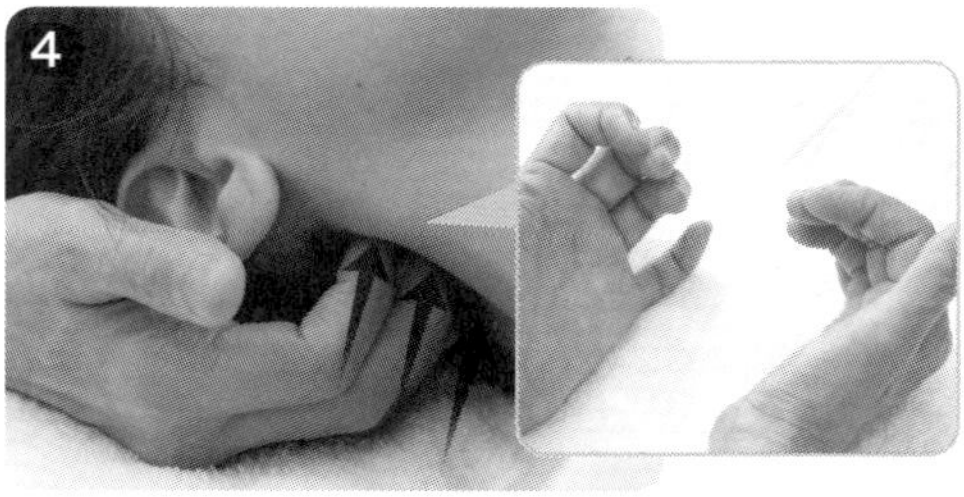

頭つけ根美点4

美点3のすぐ横に、3本の指をそろえて置く。
指の腹で、内側に向けて太い筋肉の横を押す。強く押さないように。

［ 強さ:3　長さ:4秒　頭つけ根美点1～4を2セット ］

コラム その1

目のパック

マッサージをしたあと、引き締めや美白のパックをすると、しわ、たるみ、くすみなど改善する効果を上げられます。

目の疲れが取れるだけでなく、しわ、たるみ、クマ改善プラスアルファのサービスを加えることで付加価値をつけられ、お客様の満足度も上がります。

私が使っている海藻パックはプロ向けの粧材です。鎮静効果や引き締め効果もあり、たるみやくすみなど、肌の状態がかなり改善されます。

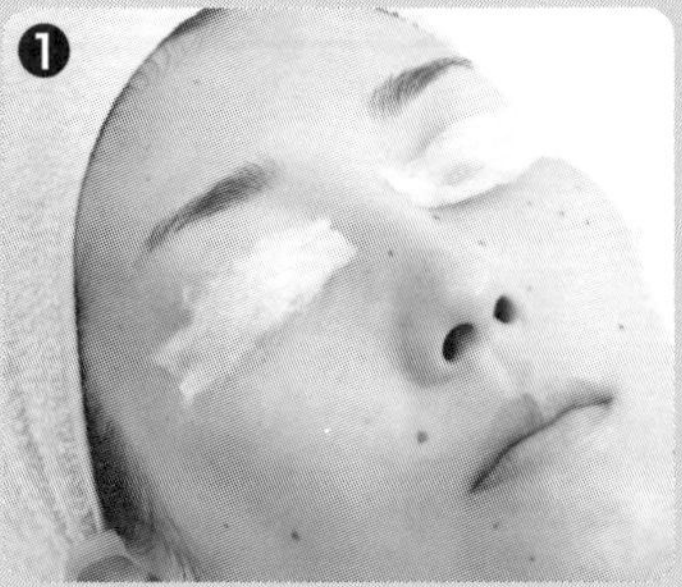

まつ毛が隠れる程度にコットンを細く切り、化粧水を浸して置く。まつげエクステをしている方には乾いたコットンを置く。

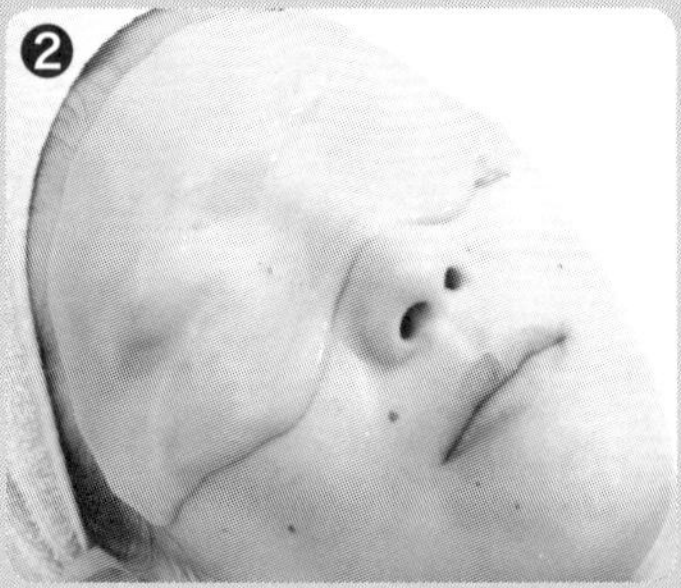

パックをしてそのまま時間をおく。

Part
05

美点マッサージを取り入れたフェイシャルケア

【準備】クレンジング→保水→保湿

〈クレンジング〉

眼精疲労マッサージを行うまでの準備として、クレンジング、拭き取り、美容液塗布、保湿を行います。68〜69ページでは目のまわりだけを中心に行いましたが、ここでは顔全体を行います。プロセスは同じです。68〜69ページの流れを、もう一度ここで簡単におさらいしましょう。

❶

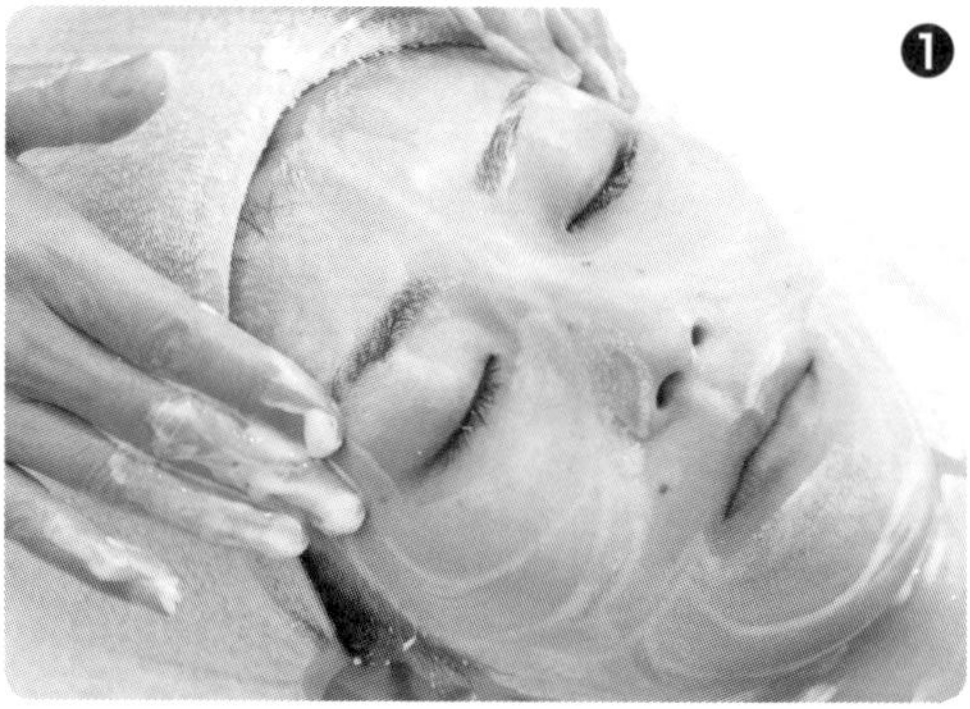

❷

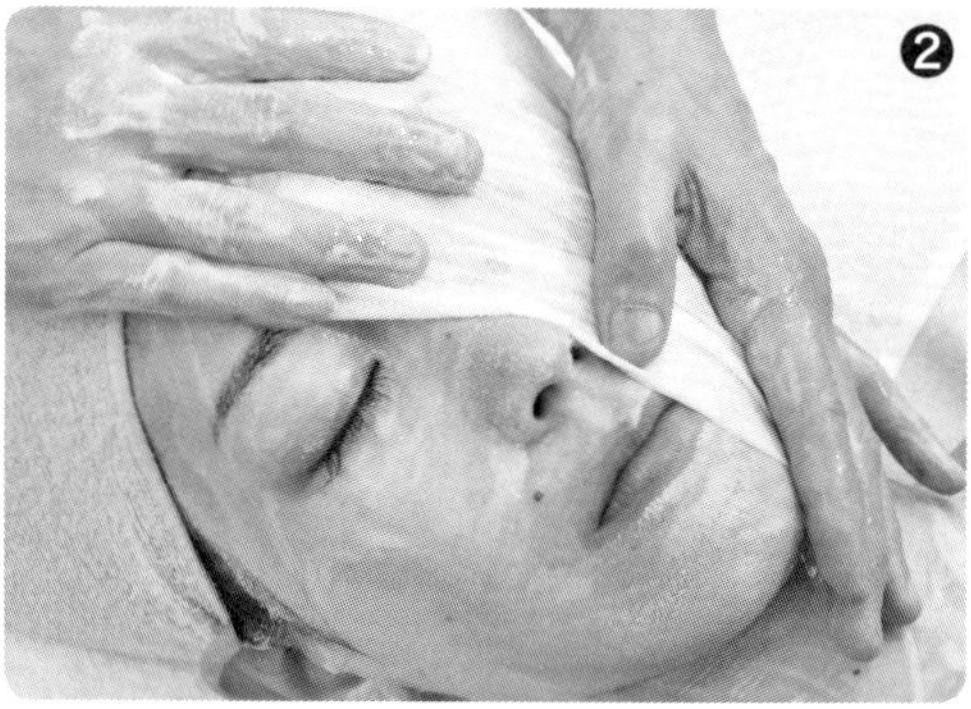

❸

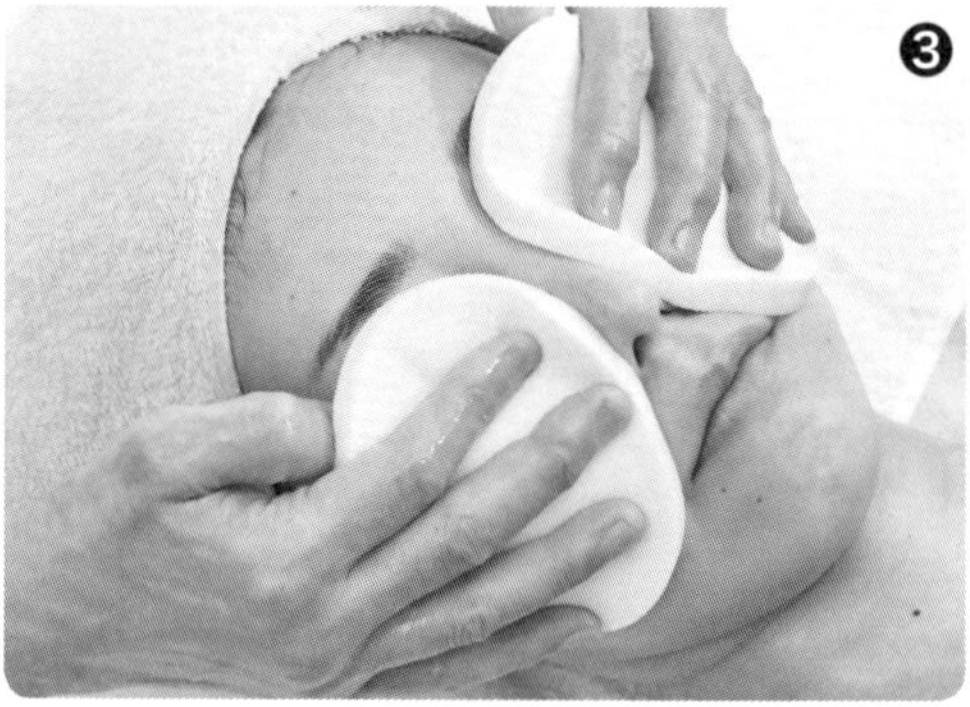

たっぷりのクレンジング剤で汚れを溶かし込んだあと、ティッシュオフ。コットンで拭き取ったあと、スポンジの重さですべらせて拭き取る。

〈保水〉●ここで美容液塗布

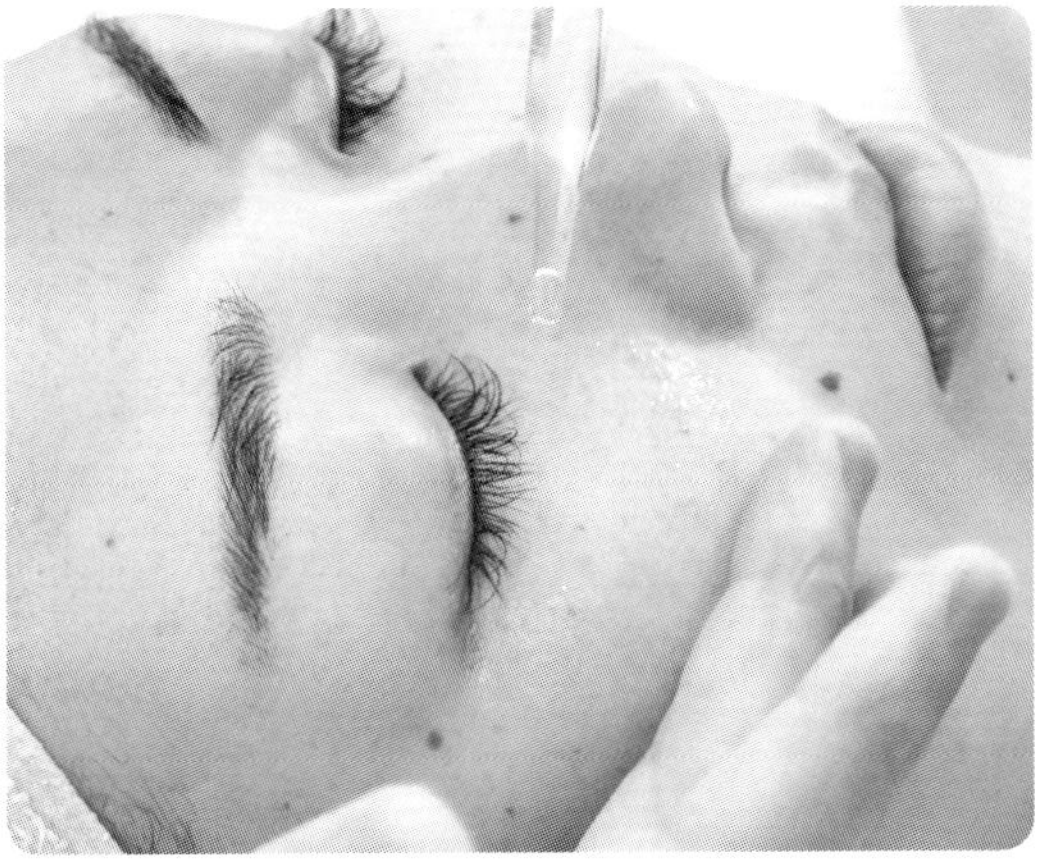

しわ、たるみ対策のため、目のまわりに美容液などをつけて一番先に吸収させ、深いところまで到達させる。

〈保湿〉

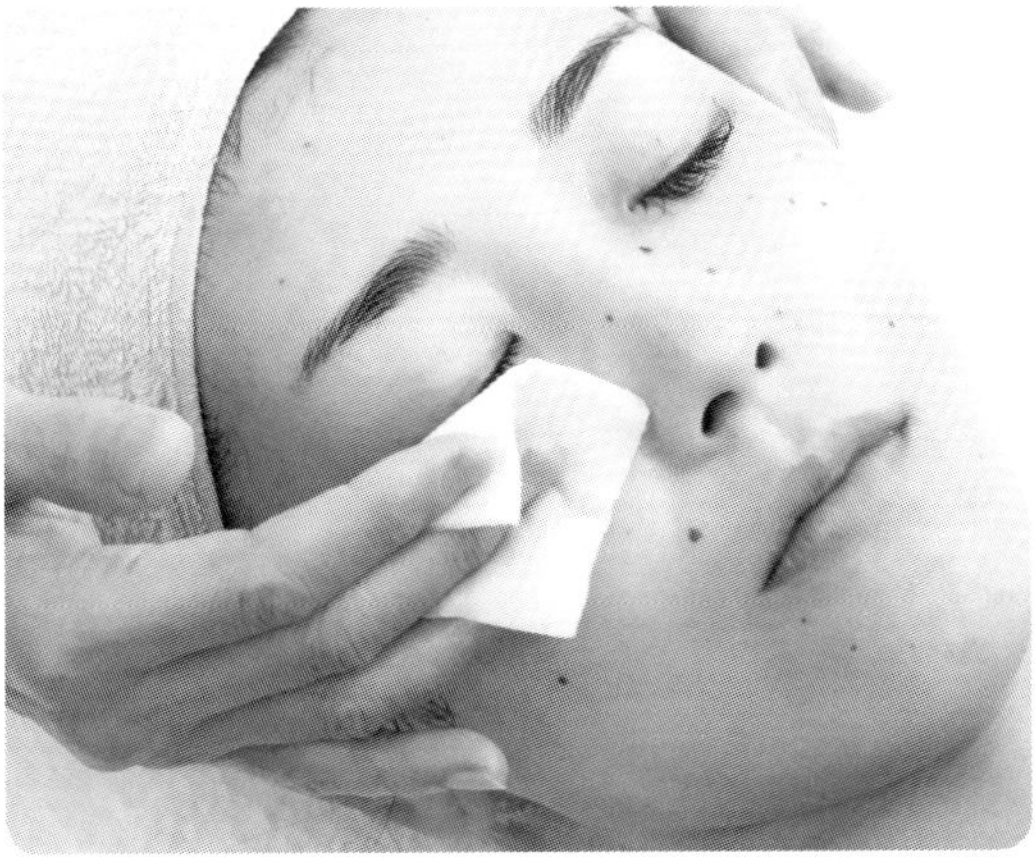

コットンに化粧水をたっぷり含ませ、軽くパッティングして角質にたっぷりの水分補給。その後、美容オイルを顔全体に塗布。

① 首美点

眼精疲労の人のほとんどがこっている首美点は、90ページも参照し、ていねいに施術しておきましょう。

耳の下、胸鎖乳突筋、鎖骨、これらを結んだ首の三角形の部分を全部ほぐします。首を円柱ととらえ、中心に向かうように圧をかけていきます。

❶

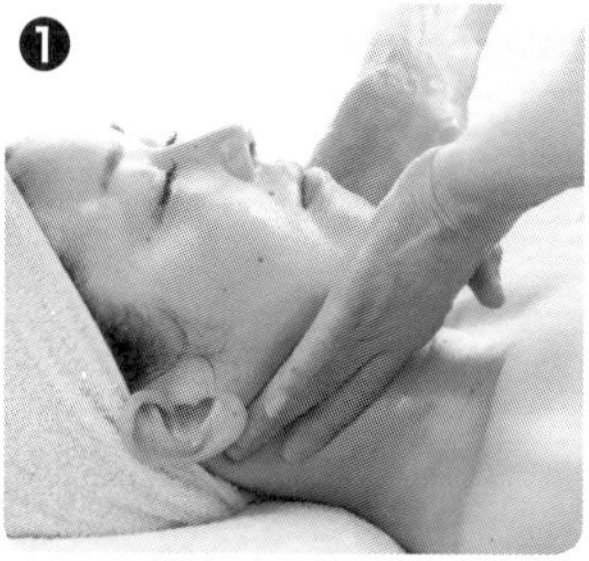

首美点１

３本の指の第--関節くらいまでを使って押す。

［ 強さ:4　長さ:4秒
首美点1〜4を4セット ］

❷

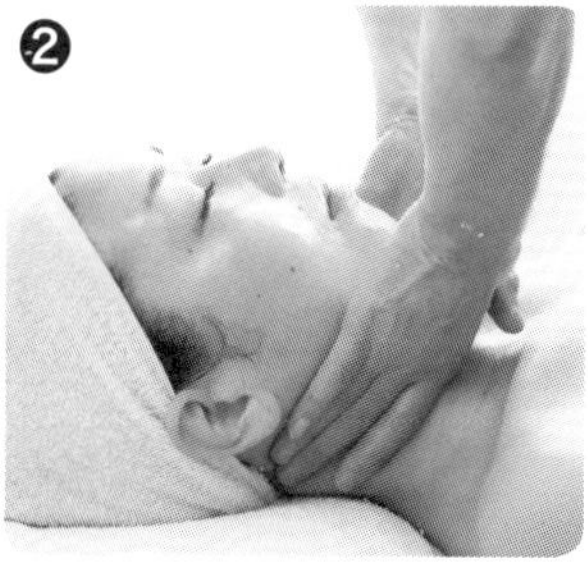

首美点２

３本の指の腹を使って、同じように押す。

［ 強さ:4　長さ:4秒
首美点1〜4を4セット ］

❸

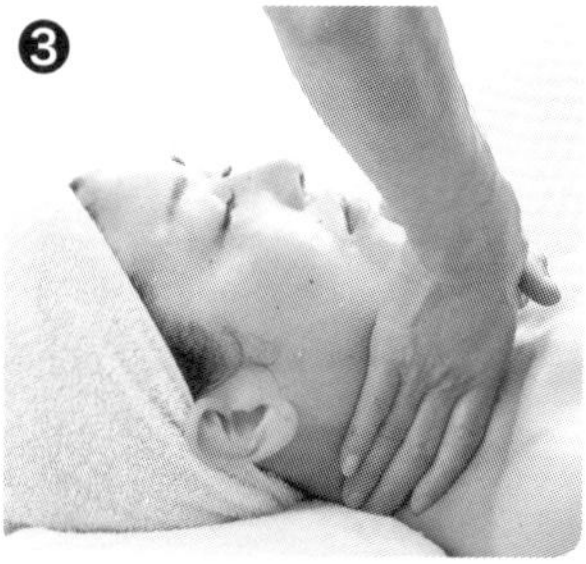

首美点３

指全部を使って押す。

［ 強さ:4　長さ:4秒
首美点1〜4を4セット ］

❹

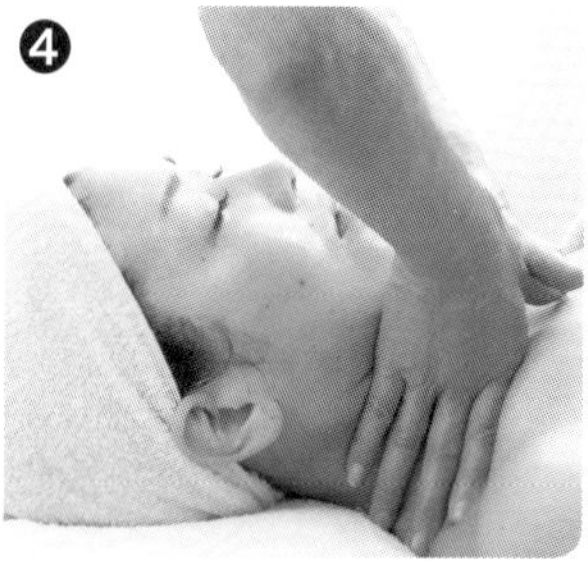

首美点４

指から手のひら全部を使って押す。

［ 強さ:4　長さ:4秒
首美点1〜4を4セット ］

② 耳下美点

耳下美点には唾液腺があり、若返りホルモンが出るといわれます。さらに耳下美点には、顔の老廃物を排出する出口があります。この二つを開通させます。分泌腺は、強い刺激はいけません。気持ちいい刺激を与えることが、ホルモン分泌、そして若返りにもいいのです。

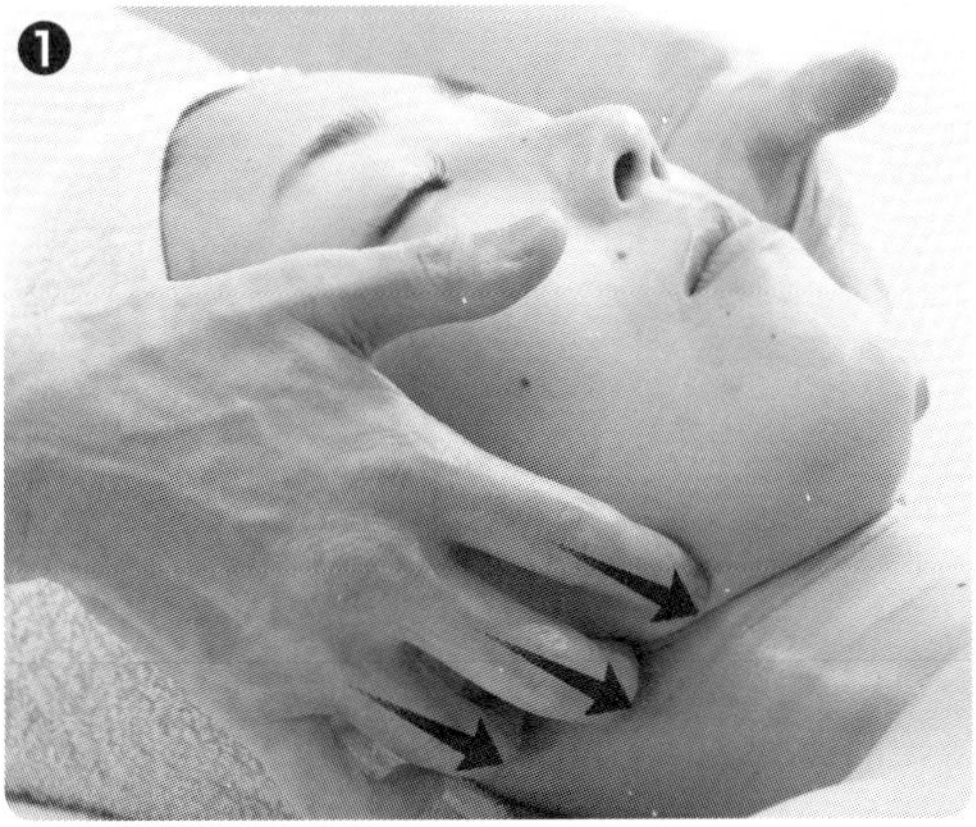

あご下から耳下を押す

薬指を耳下、中指をあごの下、人差し指をあごのかなり下のほうに入れて、軽くリズミカルに押す。

③フェイスラインのはさみ上げと二重あごのもみ出し

〈フェイスラインのはさみ上げ〉

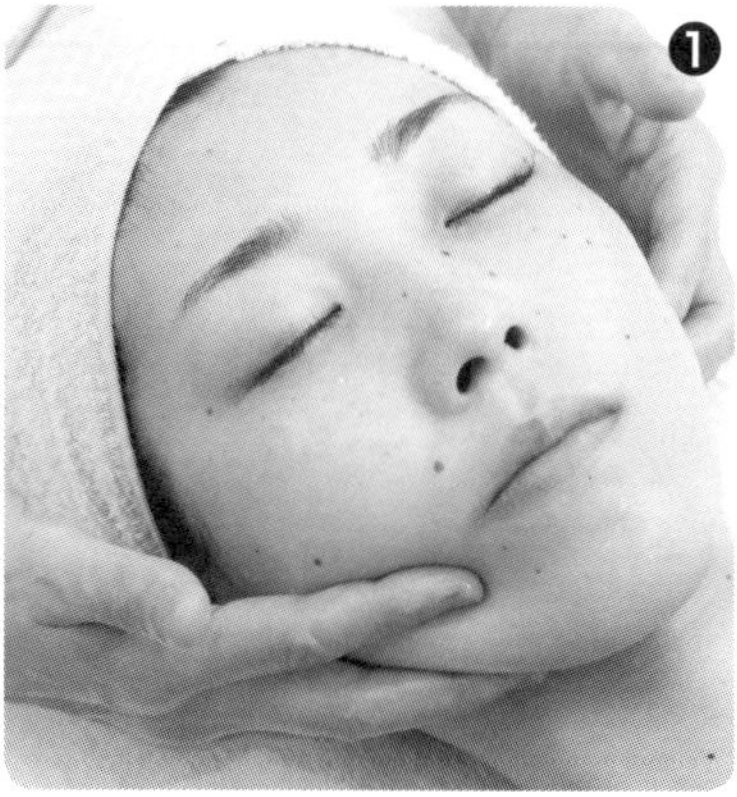

指ではさむ
中指と薬指があごの下、人差し指があごの表側、２本と１本の指ではさみ、そのまま耳の下までもってくる。

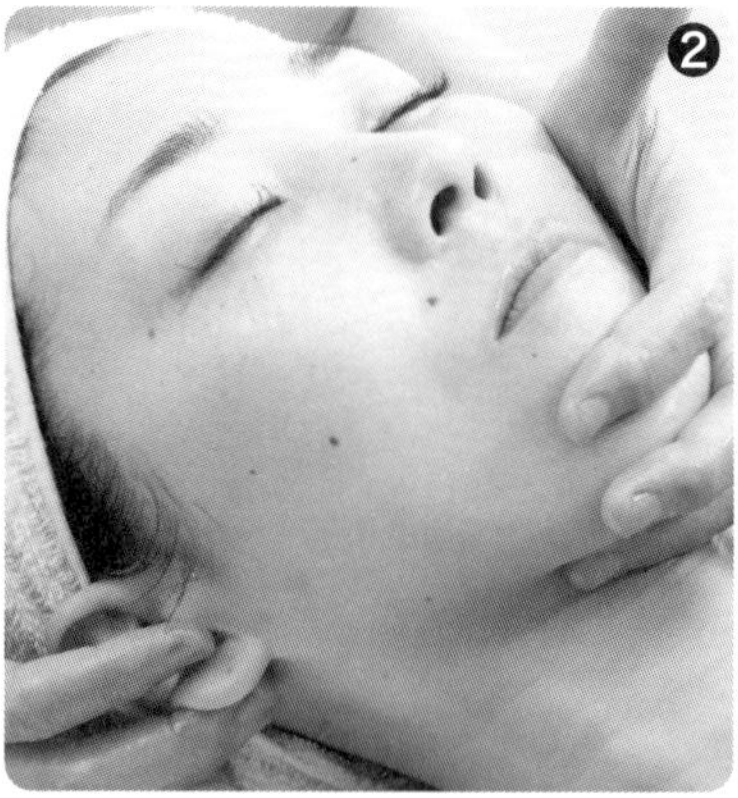

逆方向を行う
逆側の手で、同様に行う。左右交互に 20 回ほどするとよい。

Point!

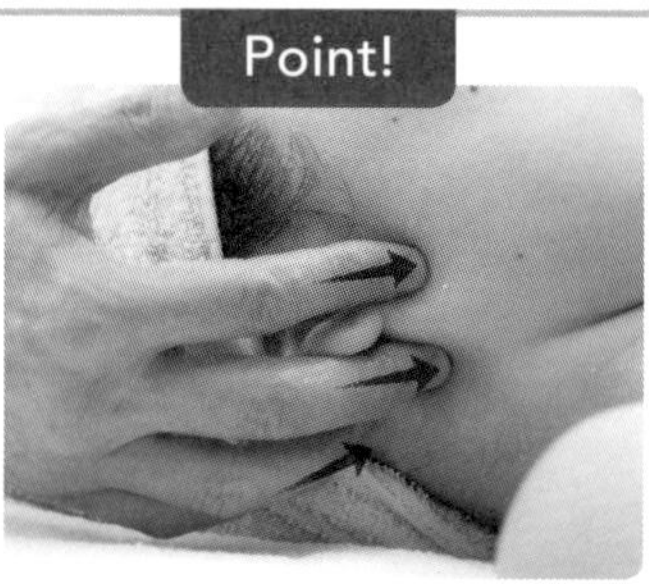

人差し指は耳の前、中指と薬指は耳の下まで持ってくる

〈二重あごのもみ出し〉

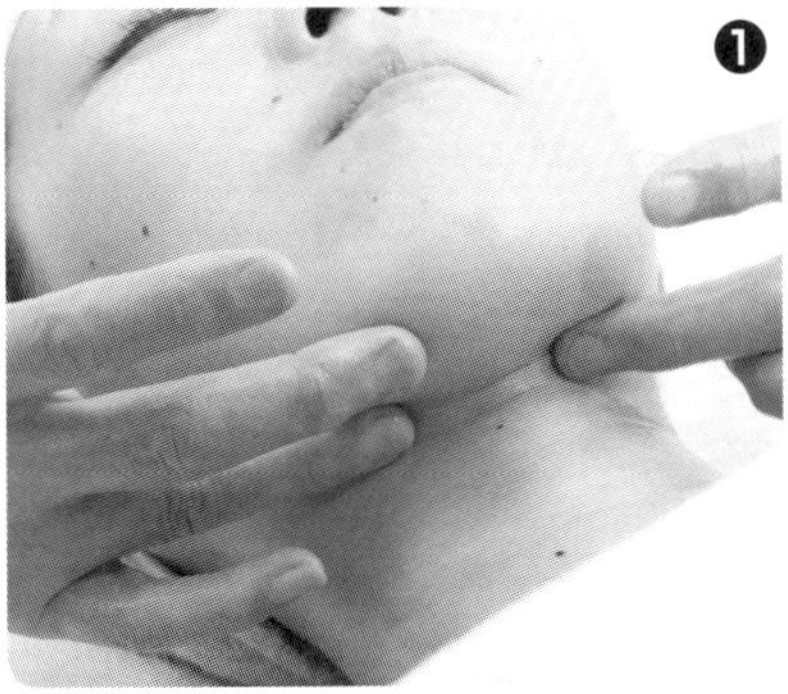

❶ **指ではさむ**
右手の中指と薬指、左手は中指、2センチくらい離して、二重あごをはさむ。

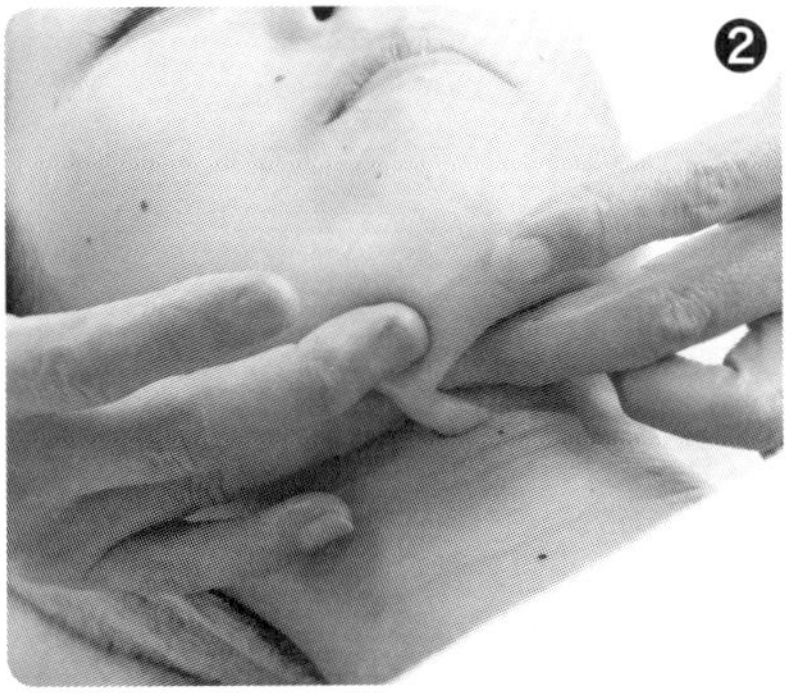

❷ **もみ出す**
脂肪を分解し、取り去るために、寄せて、ひねって、脂肪がもみ出されるようにする。

〈再びフェイスラインのはさみ上げ〉

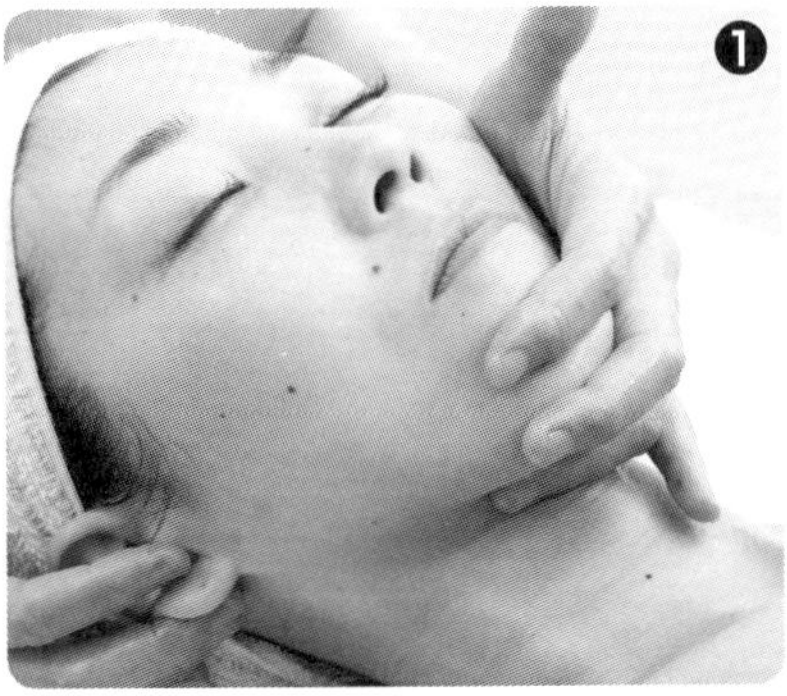

❶ フェイスラインのはさみ上げに戻る。前ページを参照。

④ かき上げ

かき上げは、エステの基本的な技術です。年齢とともにたるむ頬からあごにかけてのフェイスラインを、リズミカルにタッピングしていきます。

下顔のフェイスラインには、咬筋《こうきん》、頬筋《きょうきん》、笑筋《しょうきん》など、表情を作り出し、口や頬を動かす筋肉が集まっています。しかし、パソコンのモニターなどを凝視していると、表情が失われ、たるみにつながっていきます。

かき上げで、お肌の深部に刺激を与えて血行をよくしていきます。同時に筋肉も活性化するので、たるんだお肌に弾力が戻っていきます。たるみをかき上げるように行うのが大切です。即効性のあるリフトアップ法です。

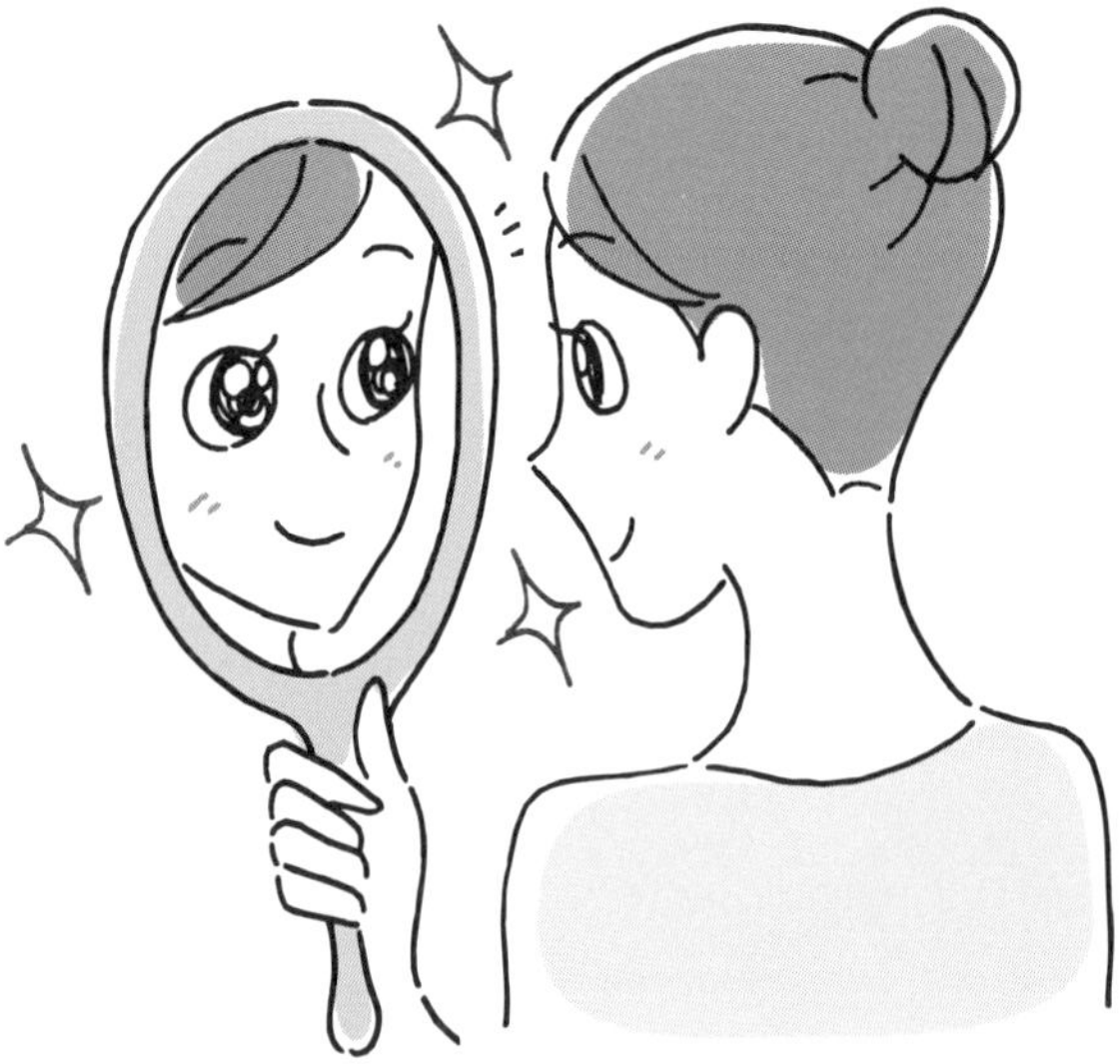

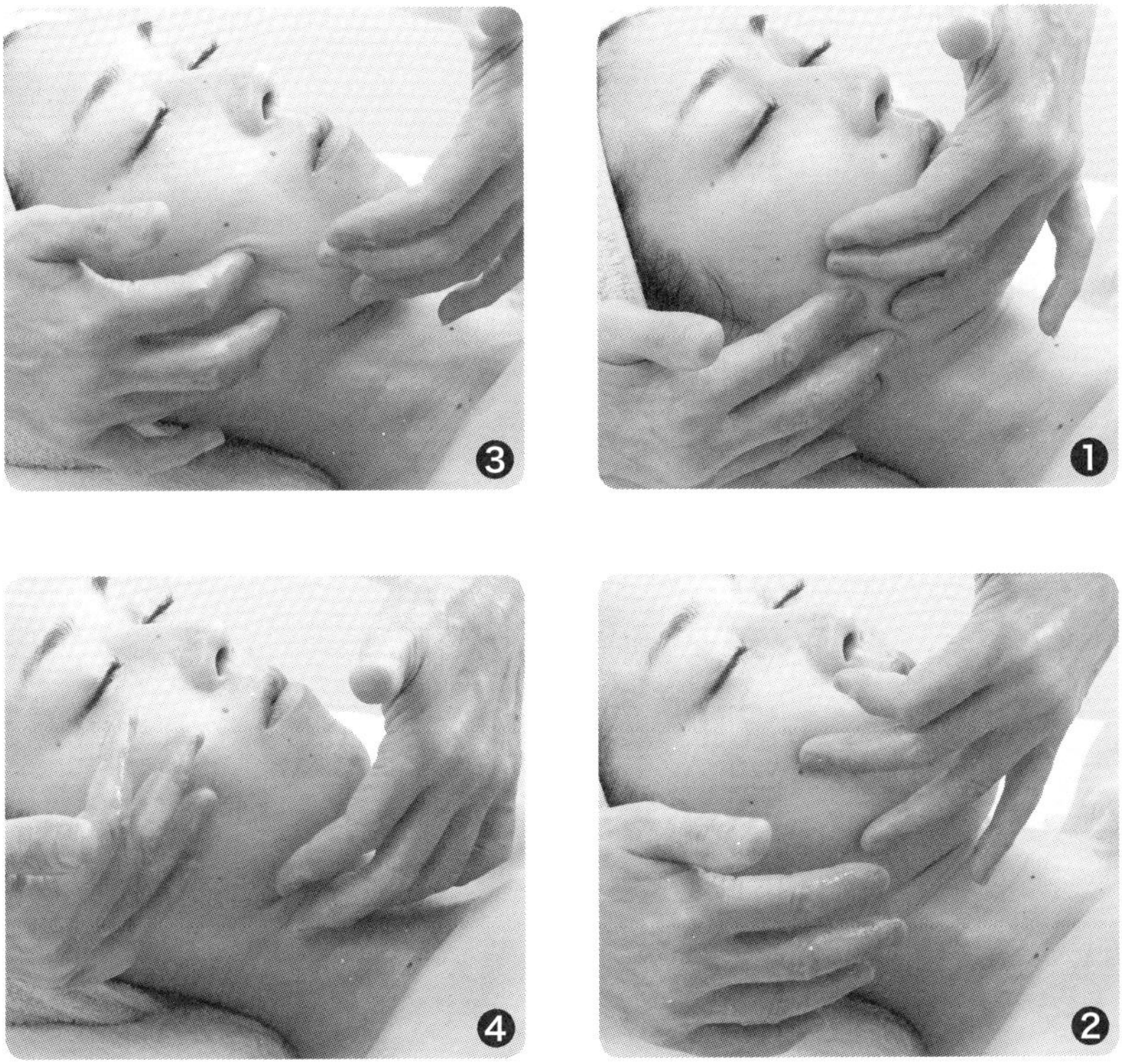

人差し指、中指、薬指の３本を、順番にあごのラインから頬をタッピングするようにかき上げる。リズミカルにすると気持ちよい。左右のあごとあご先にも行う。

⑤
鎮静

活性化した肌を、手のひらで顔を包み込むようにゆっくり行い、鎮静化させます。その後、眼精疲労解消の美点マッサージを入れていきます。

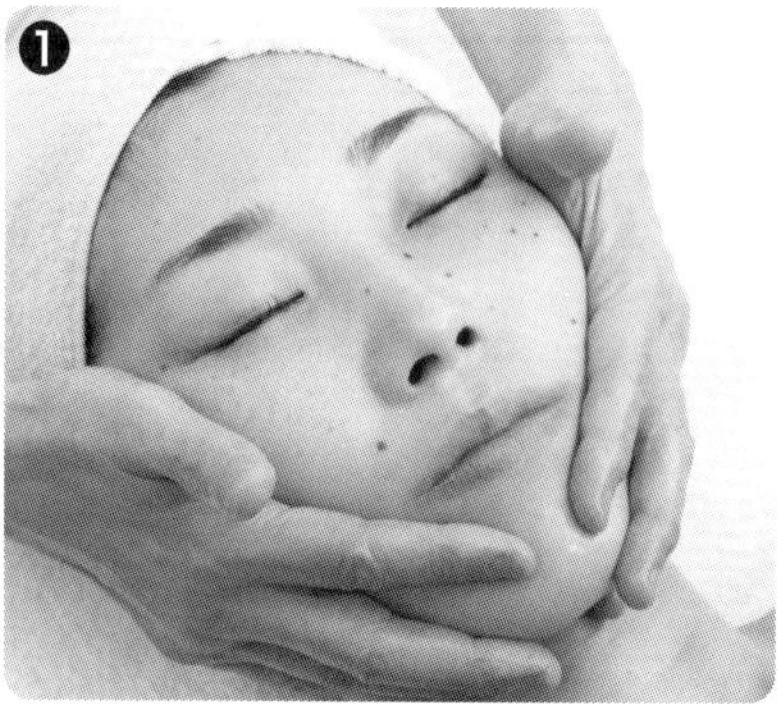

包み込む
手のひらでフェイスラインを包み込む。

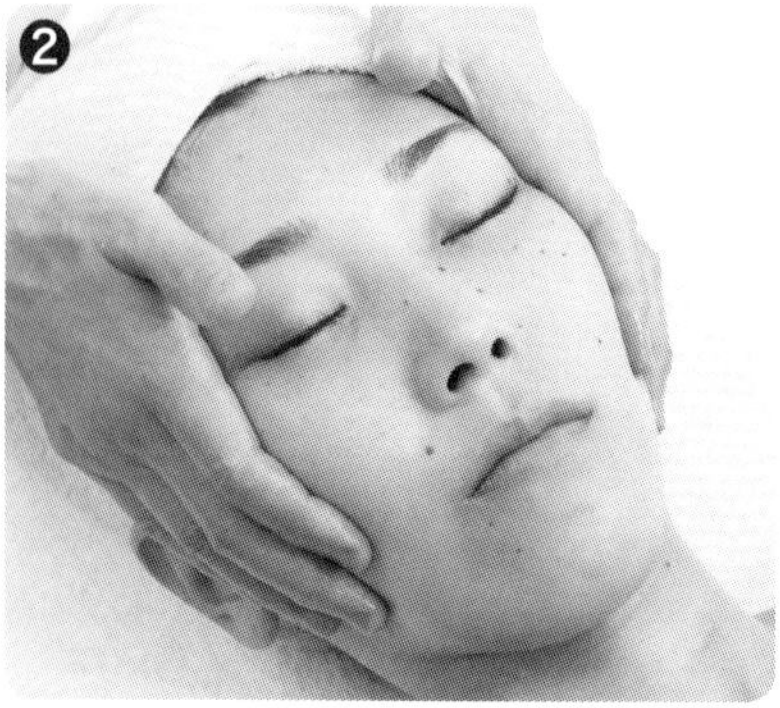

上げる
包み込んだ手をこめかみまで、ゆっくり上げる。

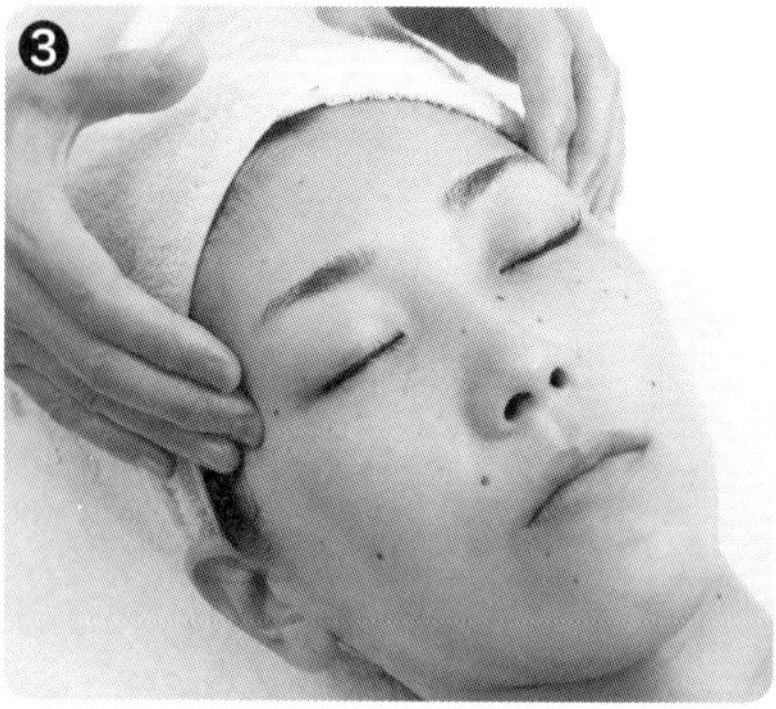

プッシュする
３本の指先で、こめかみを軽くプッシュする。

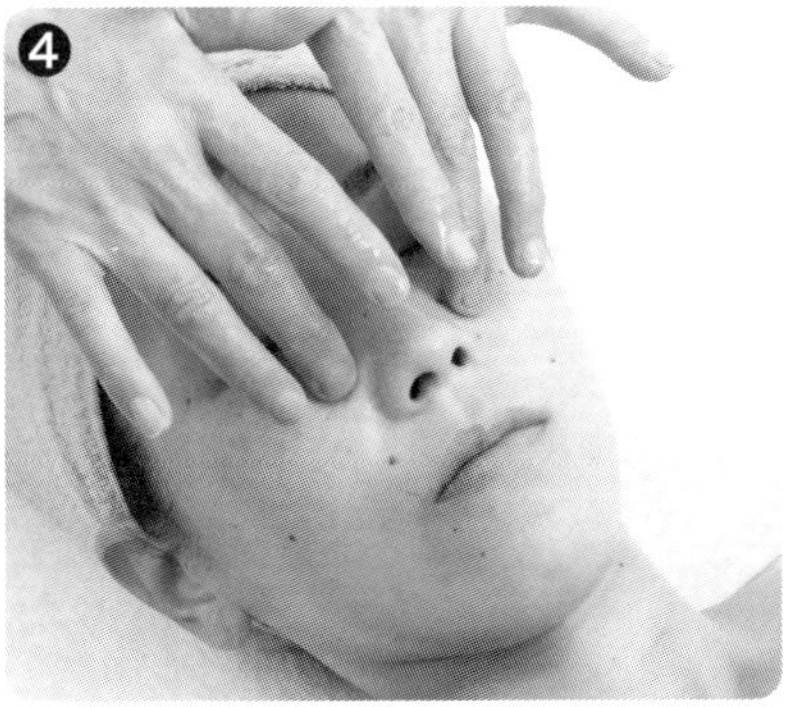

軽くすべらせる

中指一本で、軽く、皮膚の上をすべるように、目の下を通って、鼻の横を通る。

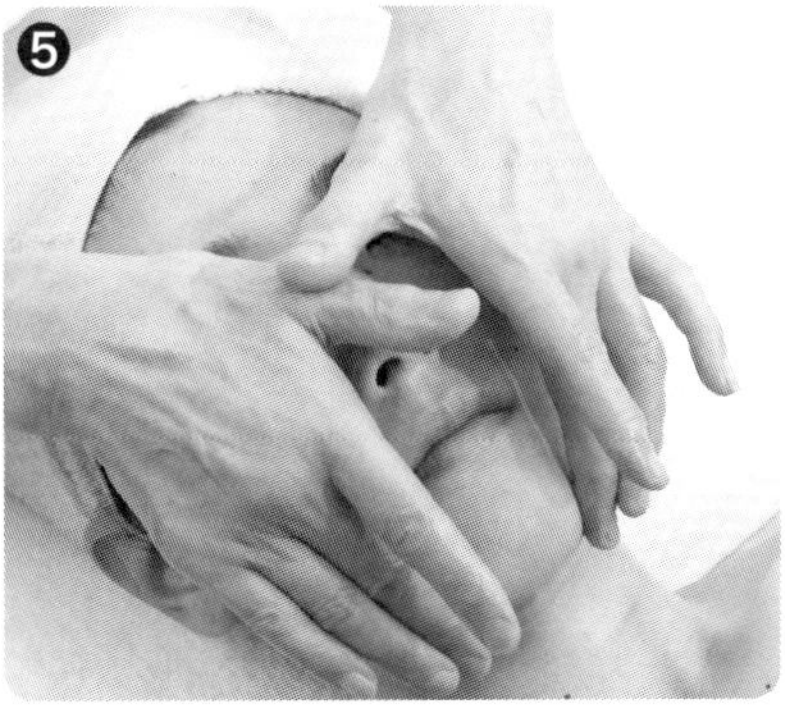

あご先まで移動する

中指先をそのままあご先まで抜く。再び手のひら全体でフェイスラインを軽く包み、はじめから繰り返す。

このあと、70 ページの温冷タオルから、88 ページの頬骨上美点までのマッサージを行います。

⑥ 頬骨下美点

頬骨下美点は、頬を支える重要な美点です。中指を置く場所の筋肉に弾力を取り戻させます。ポイントは、頬の皮膚を指で引っ張らないことです。

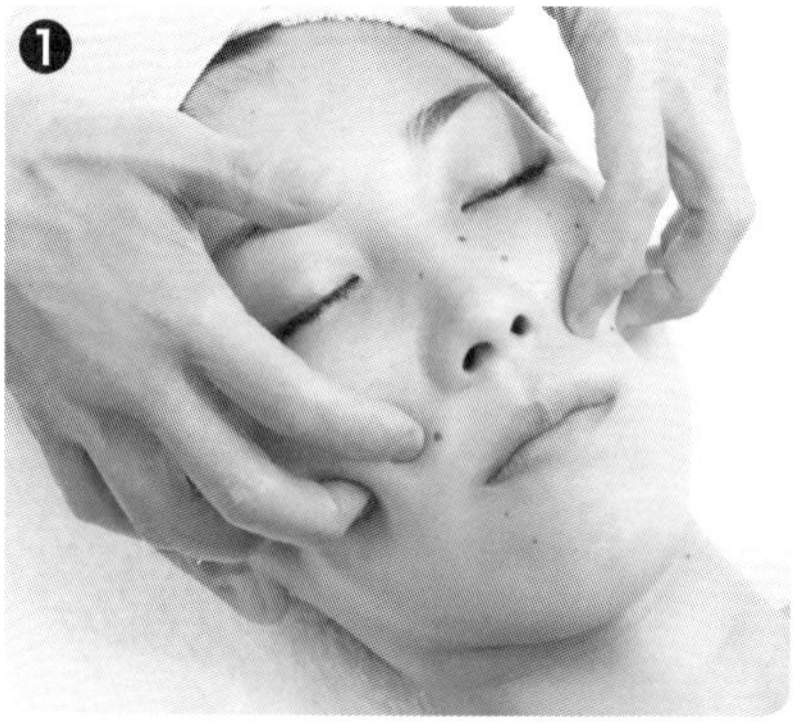

❶

頬骨のちょうど真ん中の下へりに中指、小鼻のすぐ横に人差し指、耳の前のくぼみに薬指を置く。すべて頬骨の下。そのまま、中の筋肉をプッシュする。

⑦ 口角美点

口角には、口角を引き上げる口角挙筋、口角を外に引き上げる大頬骨筋《だいきょうこつきん》、口をへの字に曲げる口角下制筋がついており、自在に口角を動かします。加齢などで下垂しがちなので、美点マッサージで予防します。

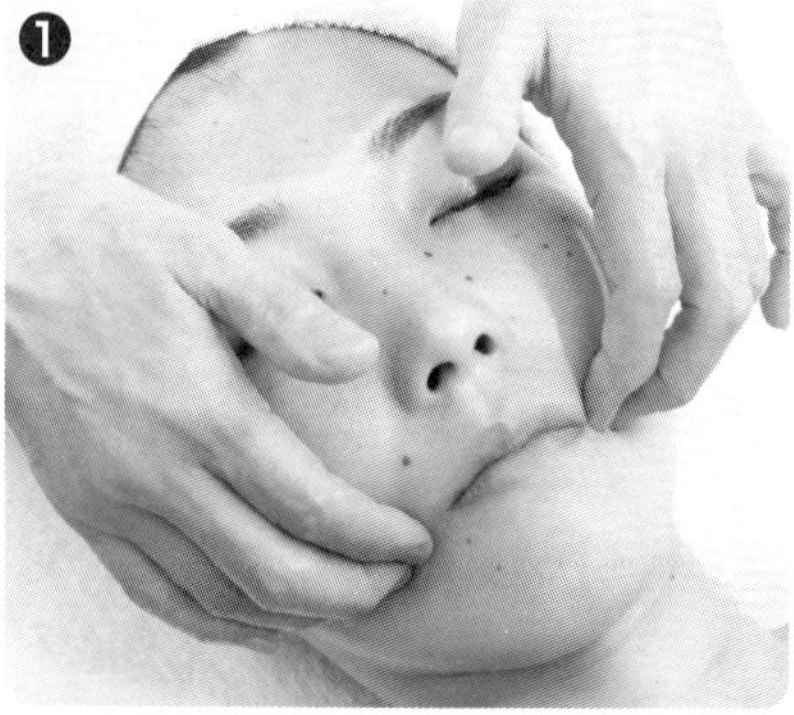

❶

口角の横に、３本の指をそろえて、そのまま水平に並べて置き、小さくもむ。

⑧ フェイスラインをはさむ

あご骨の部分にこりがあると、たるみや二重あごの原因になります。あご骨を指ではさんで刺激することでこりをほぐし、二重あごを予防しましょう。

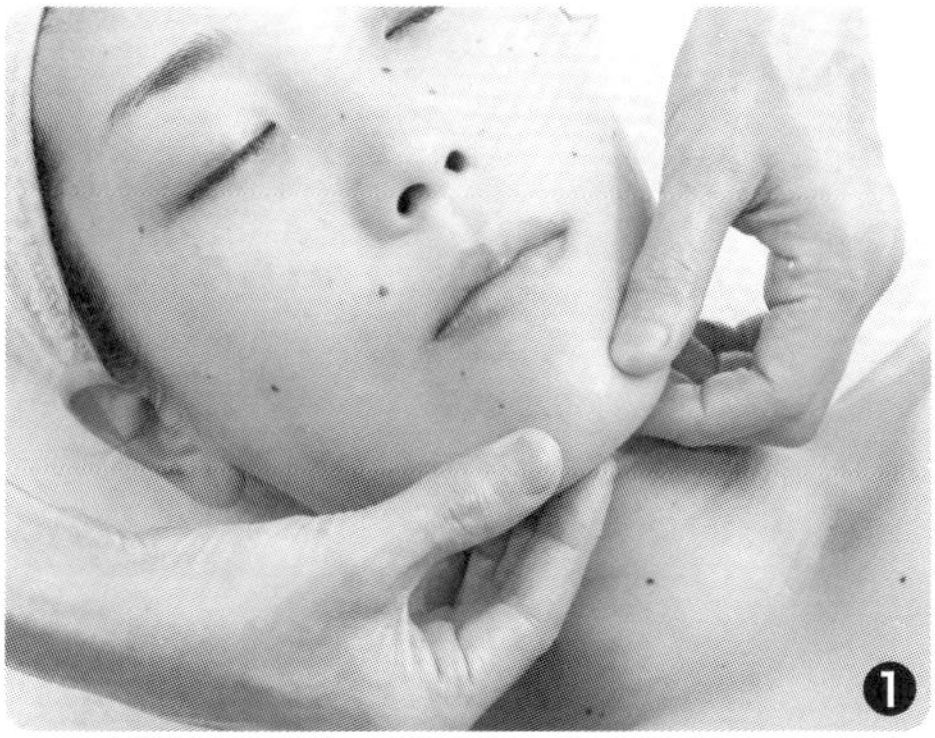

指ではさむ
親指と、人差し指、中指、薬指の３本で、骨と肉をはさむようにする。

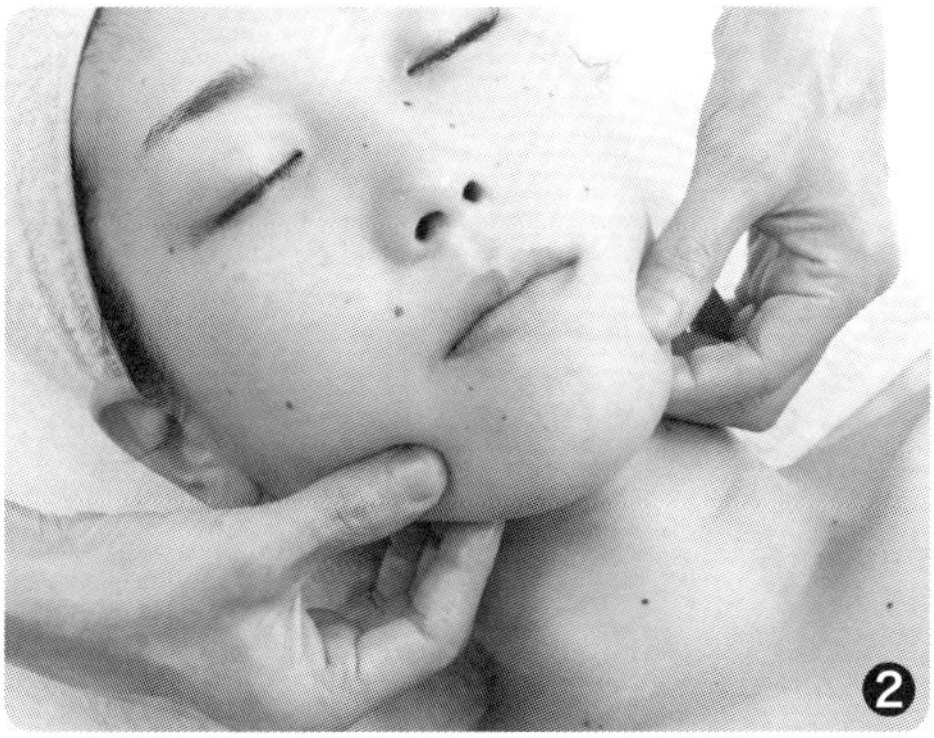

あご骨の端まで行う
あご先から耳の手前まで４か所行う。

このあと、90～98ページを参照して、首美点、生え際耳上美点、生え際額美点、側頭部美点、頭つけ根美点を行います。

コラム その2

フェイシャルケアで注意すること

皮膚に強い刺激を与えることは避けましょう。粧材選びから力の入れ方まで、「トラブルを起こさずに効果を上げること」をいちばんに考えます。

クレンジングで私が一番いいと思うのはミルク状のものです。油性でも水性でもあるので、水、油、両方の汚れを溶かし込みます。ぬるま湯だけでも落とせるので、石けんなどを使わず、刺激なく落とせます。たっぷり使って、中に汚れを溶かすようにクレンジングしてほしいと思います。

拭き取ったあとは皮膚がまっさらで、栄養や水分を吸収しやすい状態です。添加物などが入った刺激的なエッセンスや化粧品などでなく、添加物や香料の入っていない効果の上がるものを使ってください。

圧をかけるときも、こすらずに押す、すべらせる。細心の配慮が、肌に負担をかけずにトラブルも起きない、肌がかなり弱い人にもできる方法です。

Part 06

自宅でできる美点セルフケア

アフターケアとしてお客様におすすめする

最後に、セルフマッサージをご紹介します。

眼精疲労がひどい場合は、サロンだけでなく、日常のセルフケアが大切になってきます。自分で美点を押せば、気持ちがよくなり、眼精疲労も軽減でき、サロンケアの効果も持続できるでしょう。かなり目を酷使するお客様には、セルフマッサージをプラスアルファでお伝えすると、喜ばれることが多いです。

また技術者も、だんだん忙しくなると、自分のケアがなかなかできなくなるものです。ご自分のためのケアとして普段から行うのもいいですね。

ここでは、時間をかけてしっかりケアする方法と、時間がないときの簡易的な方法の二つをお伝えします。朝晩することで、かなり楽になります。

目頭美点、目の上美点、目の下美点は軽い力で気持ちいい程度に、それ以外はしっかりした圧で、イタ気持ちいい程度に押します。だいたい4〜8秒くらい押すとよいでしょう。

セルフマッサージの手順

時間があるときは、朝晩のお肌のお手入れと同時に、しっかりセルフケアしましょう。セルフケアは、クレンジング、洗顔後に、マッサージオイルや乳液をつけて行うのが理想です。滑りもよくなるので、目のまわりの気になるこりの部分を探して、マッサージすることができます。

もちろん、お化粧をしたままでもできます。ランチのあとなど、仕事の合間にしっかり行うと、疲れ具合がかなり違います。

いずれも気持ちいい程度の圧で行うといいでしょう。

また、時間がなくても、目頭美点、目の上美点、この二つだけでもしっかり行うと、眼精疲労の度合いが全然違います。さらに余裕があれば、こめかみ美点も追加してあげると、目の疲れがずいぶん取れます。

美点マッサージ　セルフケア①

目頭美点

自分の頭の重さを利用します。自分の力で行うよりも指が自然に入り、より気持ちいい場所に到達できます。

❶
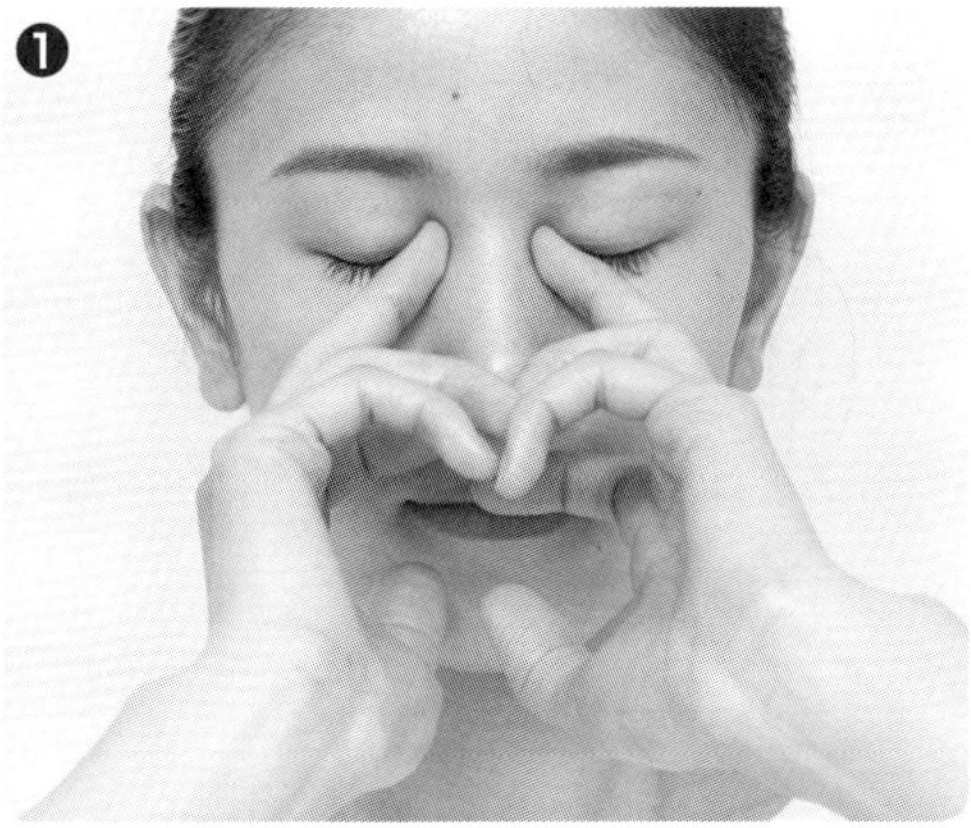

目頭に中指を置く。爪の長い方は爪があたらないように斜めにあてる。

❷

頭を静かに前に傾ける。痛くないところまで頭の重みを指に預ける。８秒くらいそのままで。

美点マッサージ　セルフケア②

目の上美点

現代の眼精疲労の特徴は、アイホールの内側が非常にこっていることです。眼球を押さないように、アイホールの内へりに指を滑り込ませることがコツです。

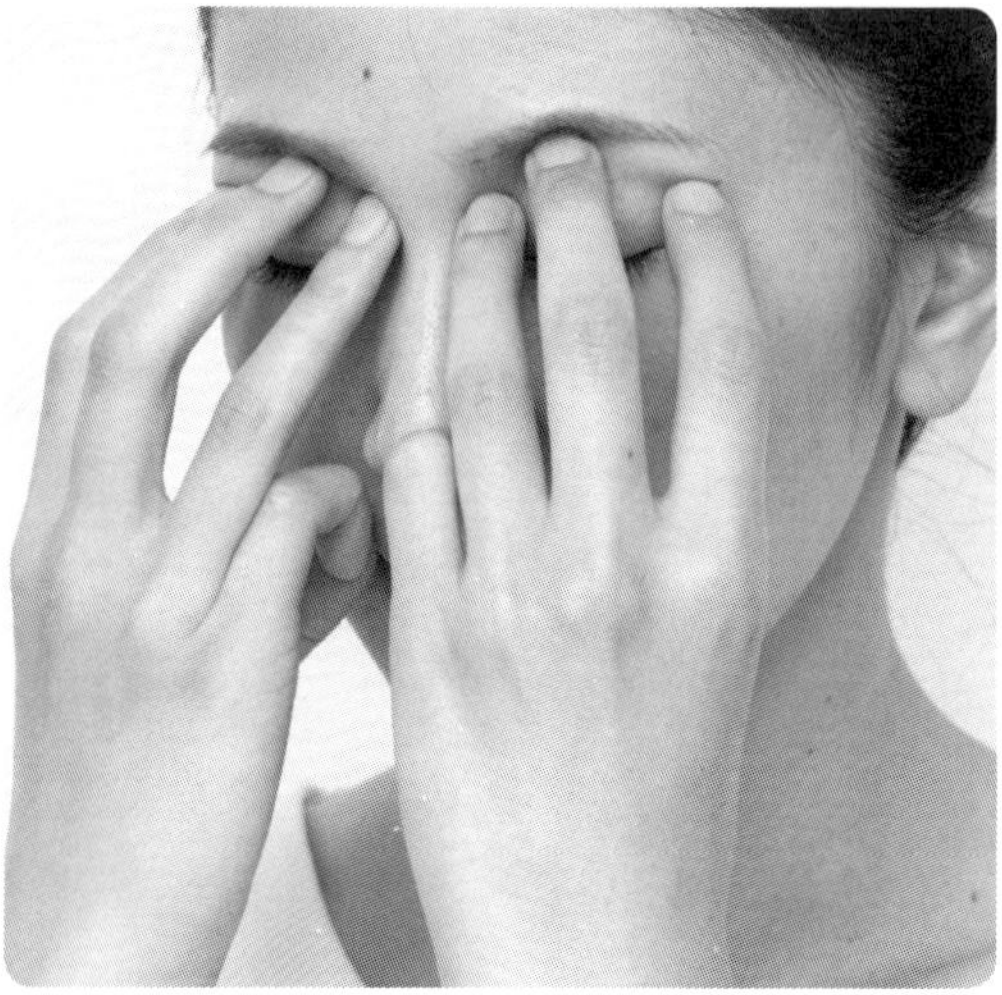

アイホールの骨の内へりに、３本の指を置く。薬指は目頭の少し上に、中指は真ん中で黒目の上あたり、人差し指は目尻に近いところ。そのまま眼球を押さないように、気持ちよく感じる程度で、４秒くらい中に押す。

美点マッサージ セルフケア③

目の下美点

血行不良が原因である青いクマには目の下美点をケアします。皮膚が薄く、細い血管が密集している目の下は、皮膚をこすらないように、軽く押しましょう。

薬指を目の下の骨の角のところ、中指は真ん中で黒目の下、人差し指は目尻に近いところに置く。目の下は皮膚が薄いので、目の上美点よりも軽い力で４秒くらい押す。

美点マッサージ　セルフケア④

眉上美点

むくみを解消し、たるんだまぶたを持ち上げる眉上美点。前頭筋や皺眉筋などの筋肉があるため、指先でしっかり美点をとらえて気持ちいい強さで押しましょう。

眉の上を三本指で押す。薬指は眉頭、中指は真ん中で黒目の上、人差し指は眉尻に近いところを押さえる。気持ちよい程度に、しっかり４秒くらい押す。

美点マッサージ セルフケア⑤

額美点

まぶたを上げる筋肉が弱ると、額にある前頭筋を使ってまぶたを上げるため、額のしわが深くなりがち。額美点を指先でしっかり押すと、額のしわは薄くなります。

❶

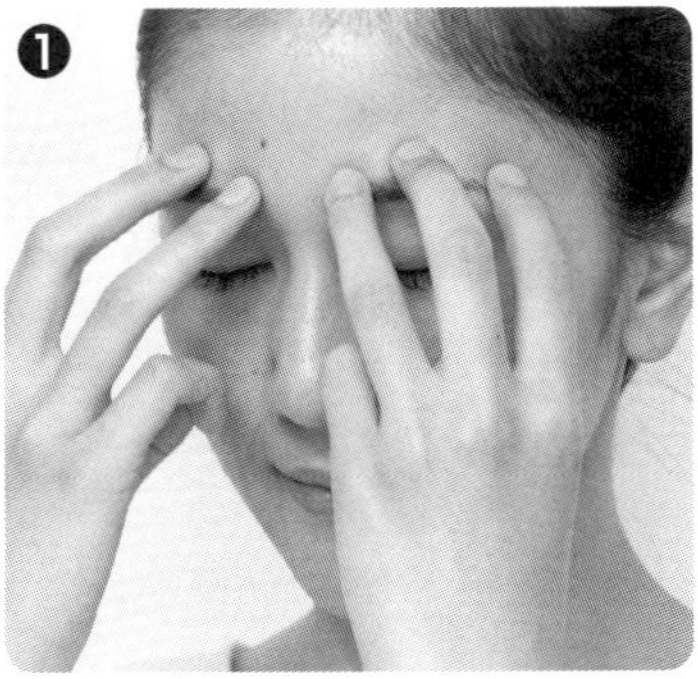

額美点1
眉の少し上、額の下部を3本の指で押す。小さな円を描くようにすると効果的。4秒くらい押す。

❷

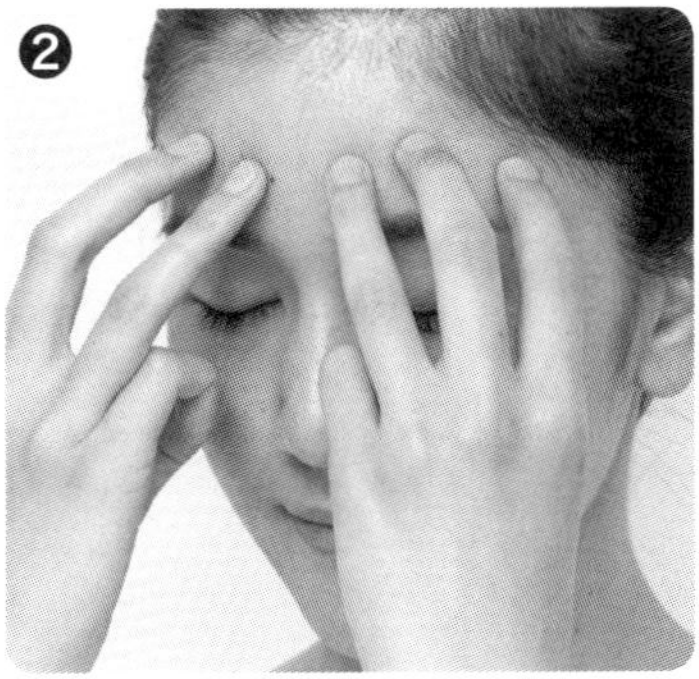

額美点2
その上1センチくらい上を4秒くらい押す。

❸

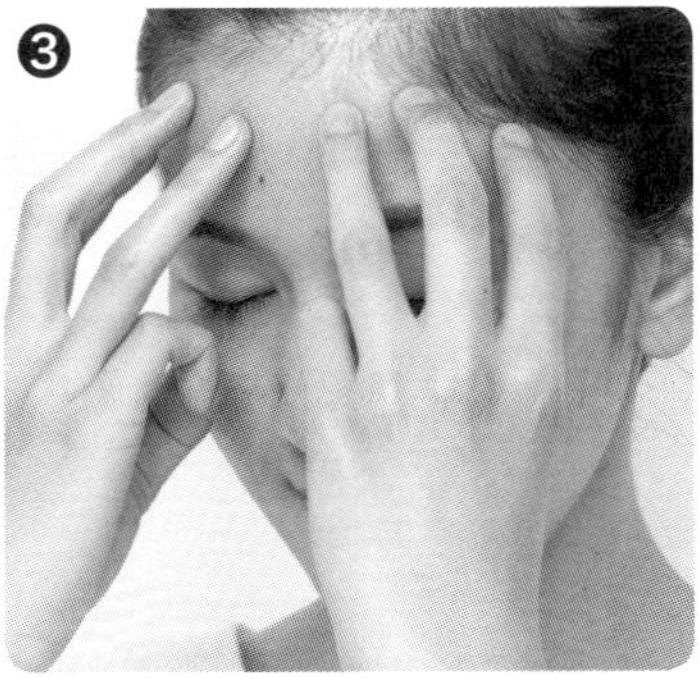

額美点3
さらに1センチ上を4秒くらい押す。

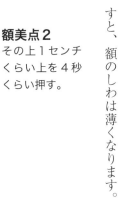

美点マッサージ セルフケア⑥

こめかみ美点

こめかみ美点は、上、中、下と行います。眉尻から目尻の間を少しずつ気持ちのよいところで行います。

❶

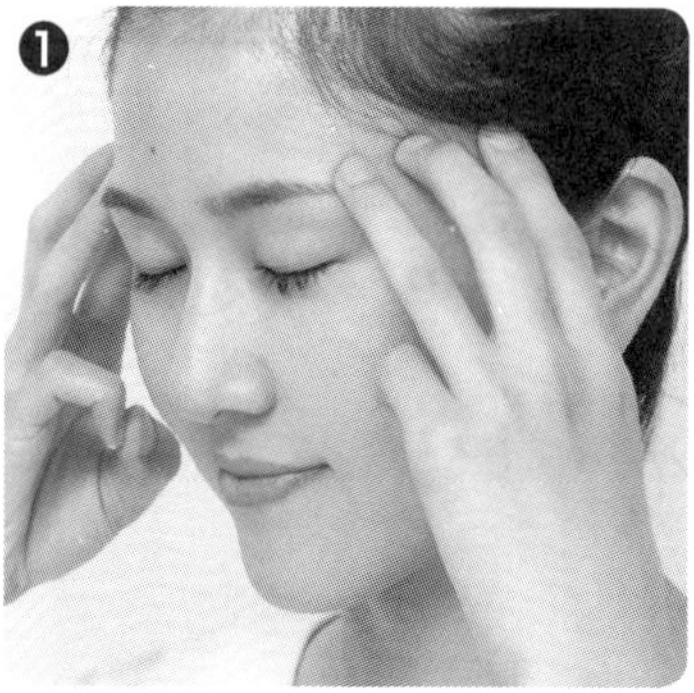

こめかみ美点上

薬指が眉尻に、少し離して中指、人差し指を生え際に置いて、気持ちいい力でもむ。皮膚をこすらないで、皮膚の下の筋肉をもむほうが効果的。

❷

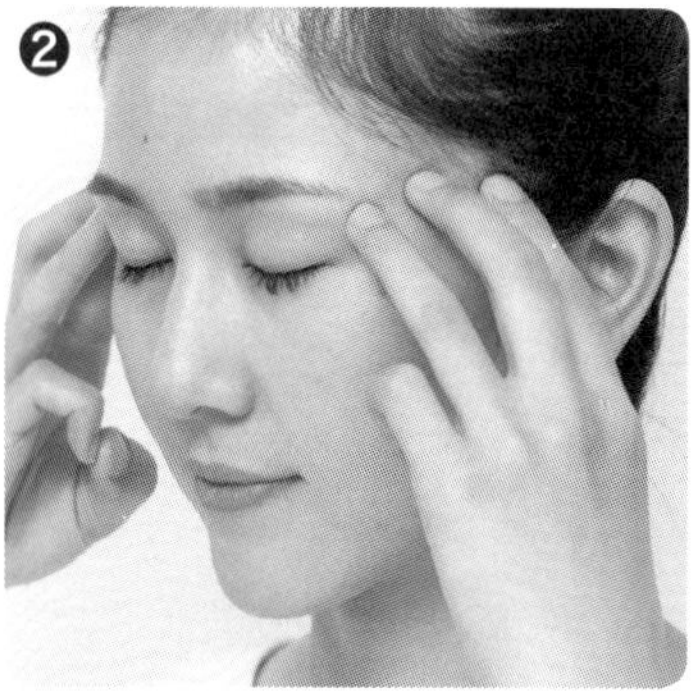

こめかみ美点中

薬指を、眉と目の間に置き、真ん中に中指、人差し指を生え際に置いて気持ちいい力でもむ。

❸

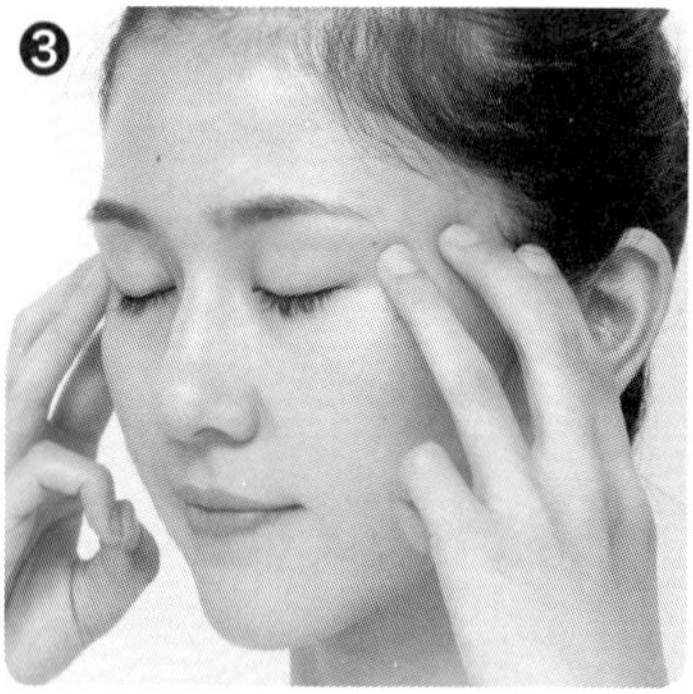

こめかみ美点下

薬指を目尻の目の際、真ん中に中指、生え際に人差し指を置いてもむ。

美点マッサージ セルフケア⑦

頬骨上美点

表情を作るための筋肉が複雑についている頬骨の上は、眼精疲労になると意外にこっている部位です。皮膚が薄いので、こすらず、そのまま圧を加えることが大切です。

頬骨の上に３本の指を少し開けて置き、グーっと圧をかけ、しっかりと気持ちよく感じる力で押す。目の下の皮膚は薄く、もむとしわになりやすいので、押すだけにすること。

美点マッサージ セルフケア⑧

生え際耳上美点・生え際額美点

顔と頭の境い目である生え際部分は、モニターを見つめ続けて表情が固まっていると、かなりこりが出ます。強めの圧で92〜95ページを参照し、しっかりもみます。

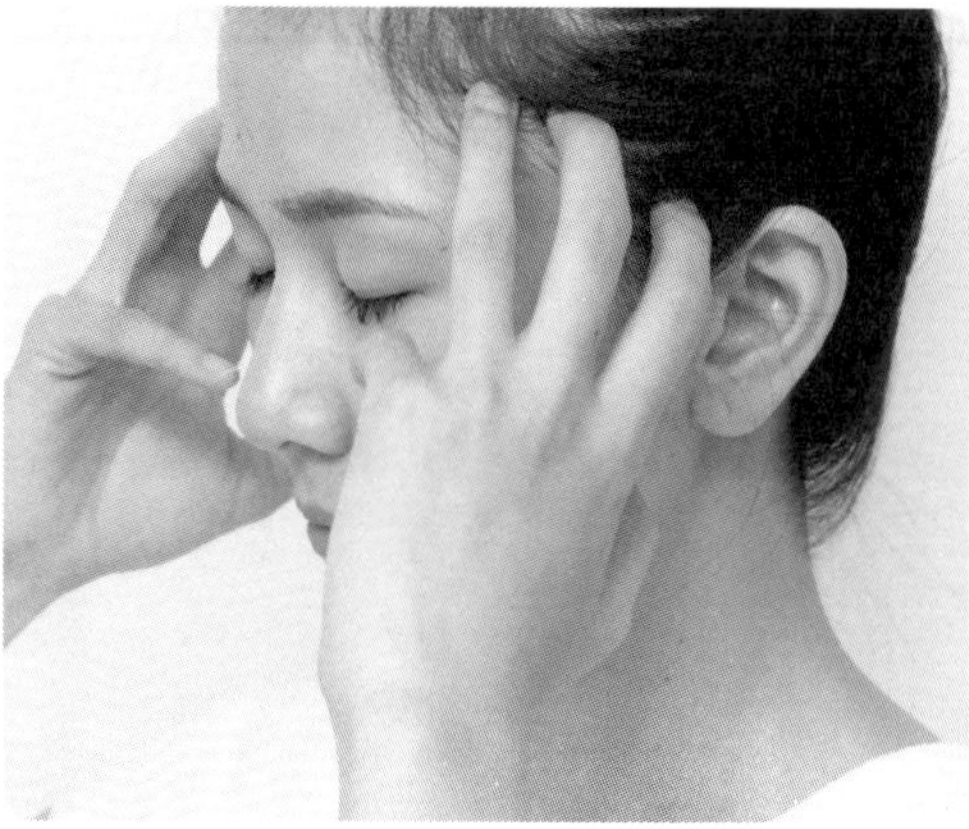

生え際耳上美点

耳のすぐ上に人差し指を置き、1.5センチずつくらいあけて中指と薬指を生え際に置く。直径1センチくらいの円を描くようにしてもむ。

生え際額美点

額の生え際に同様に指3本を置く。直径1センチくらいの円を描くようにして、気持ちいい力でもむ。

美点マッサージ セルフケア⑨

側頭部美点

眼精疲労の方の側頭部はとてもかたくなっています。ここで示す3か所は目安です。気持ちいい場所をもんでください。

❶

側頭部美点1
人差し指、中指、薬指３本を、まず生え際から１センチくらい中に入ったところにあて、直径１センチくらいの円を描くようにもむ。

❷

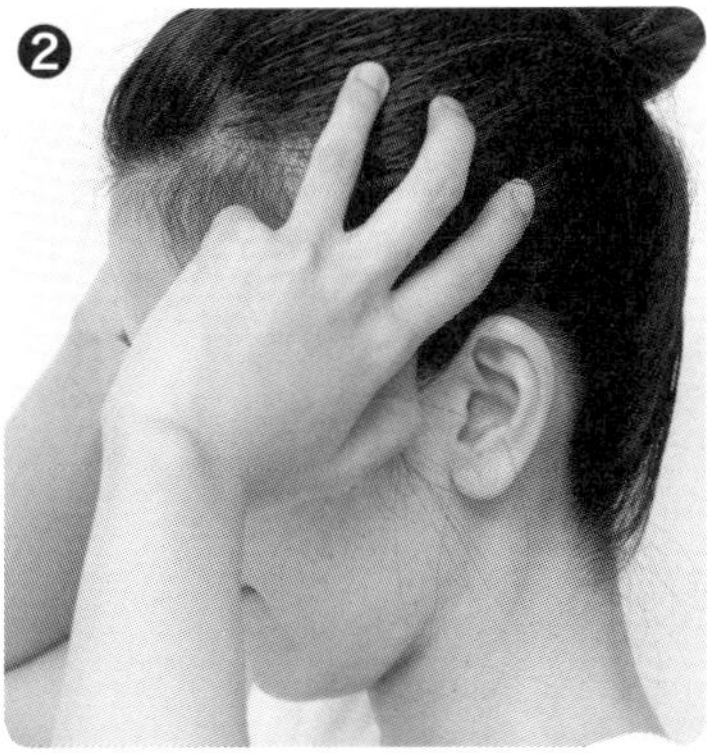

側頭部美点2
さらに1.5センチくらい頭頂のほうへ移動し、直径１センチくらいの円を描くようにもむ。

❸

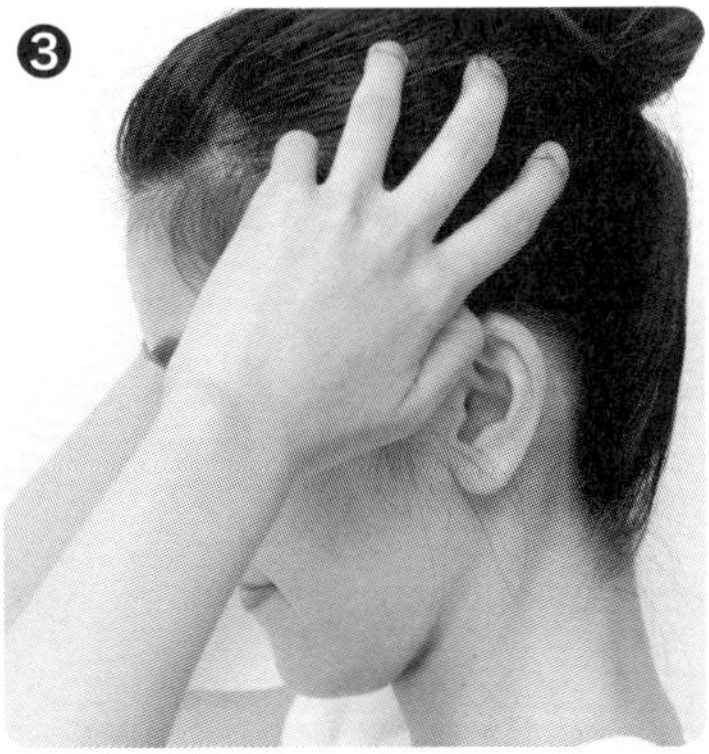

側頭部美点3
さらに1.5センチ頭頂へ移動し、直径１センチくらいの円を描くようにもむ。このように少しずつ頭頂部に移動してもむ。

美点マッサージ　セルフケア⑩

頭つけ根美点

首こり、肩こり、頭痛、目の奥の痛み、まぶたのピクピクには、首のつけ根美点へのアプローチがポイントです。頭つけ根美点1〜3は、首の重みを生かすのがコツ。

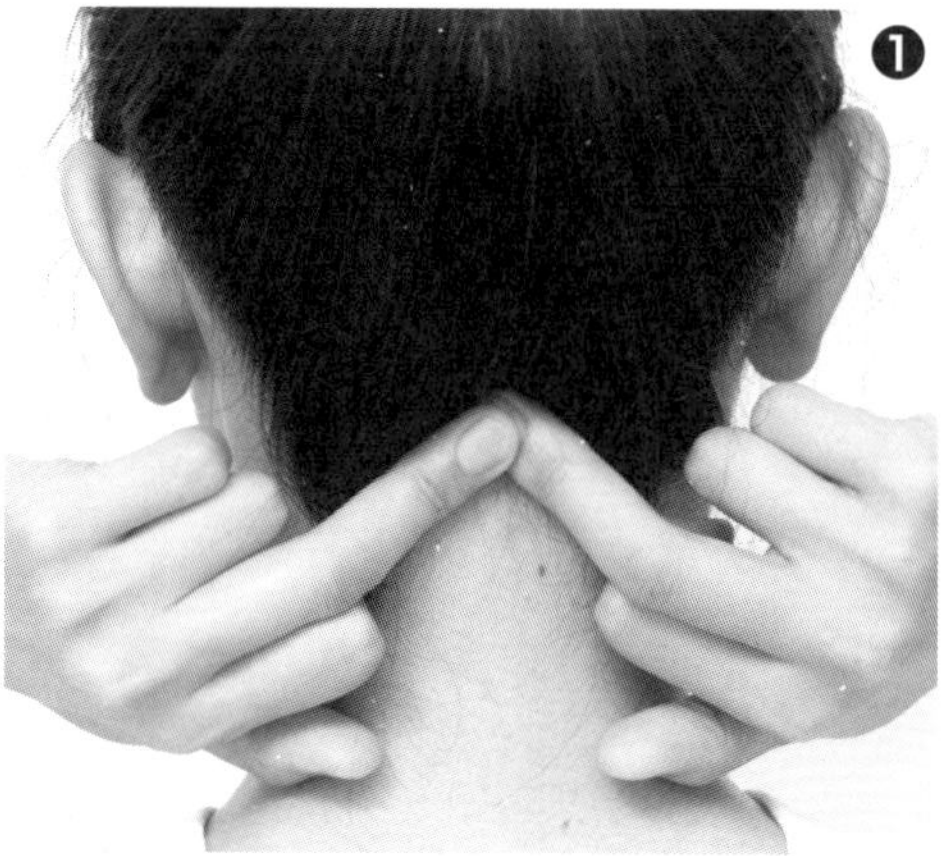

頭つけ根美点1
首と頭の接合部、頭蓋骨のすぐ下にくぼんでいる場所に中指を重ね、頭を後ろに倒す。

Point!

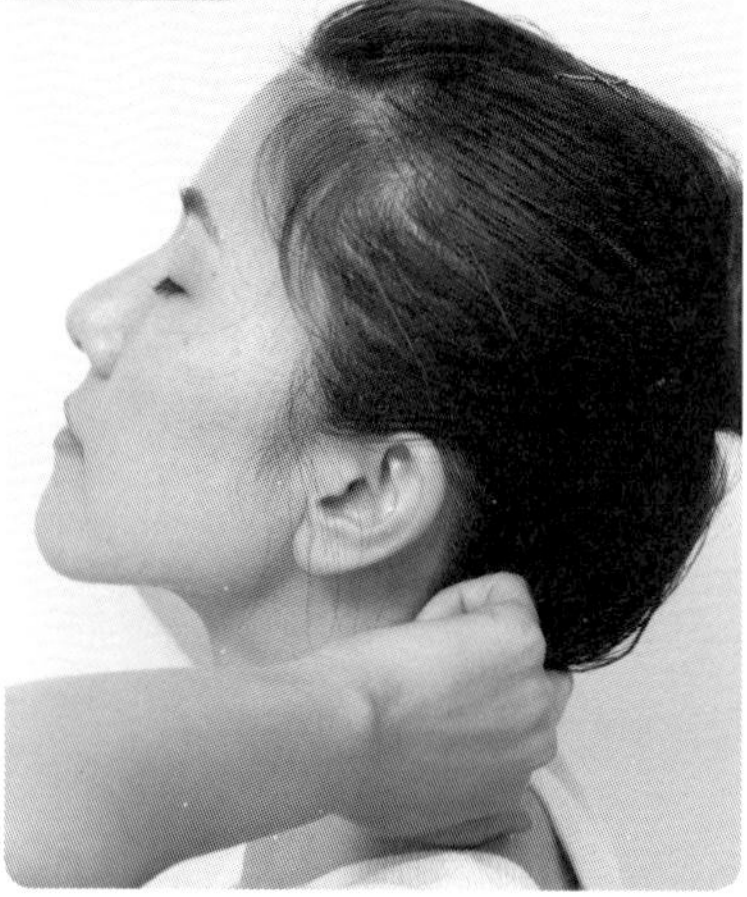

「力」は頭の重みで
指の力で押すよりも頭の重みを加えると、指が中に入りやすい。

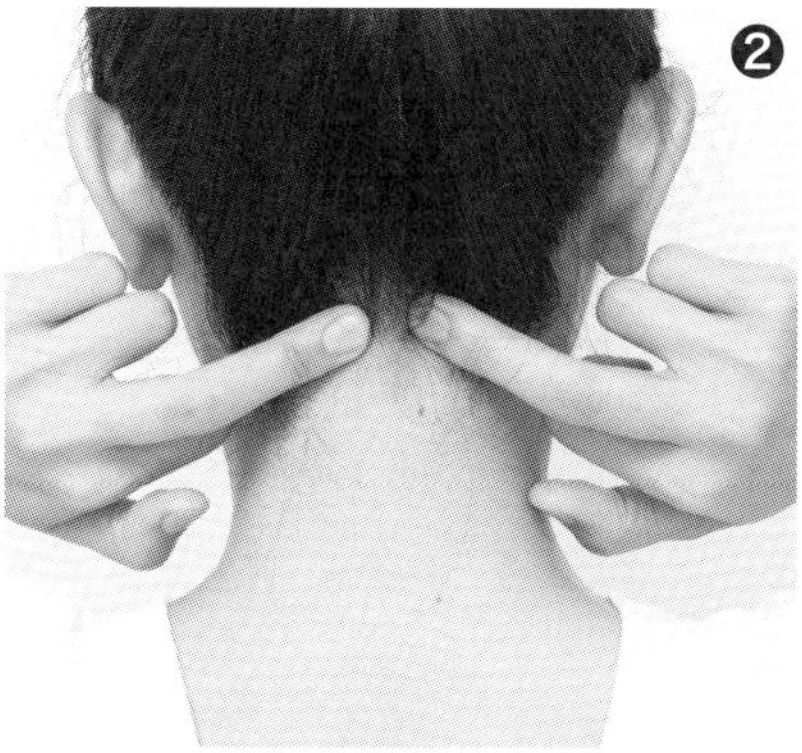

❷ **頭つけ根美点2**

重ねた中指を離してすぐ横に置き、同じように頭を少し後ろに反らせて傾け、頭の重みを利用して押す。

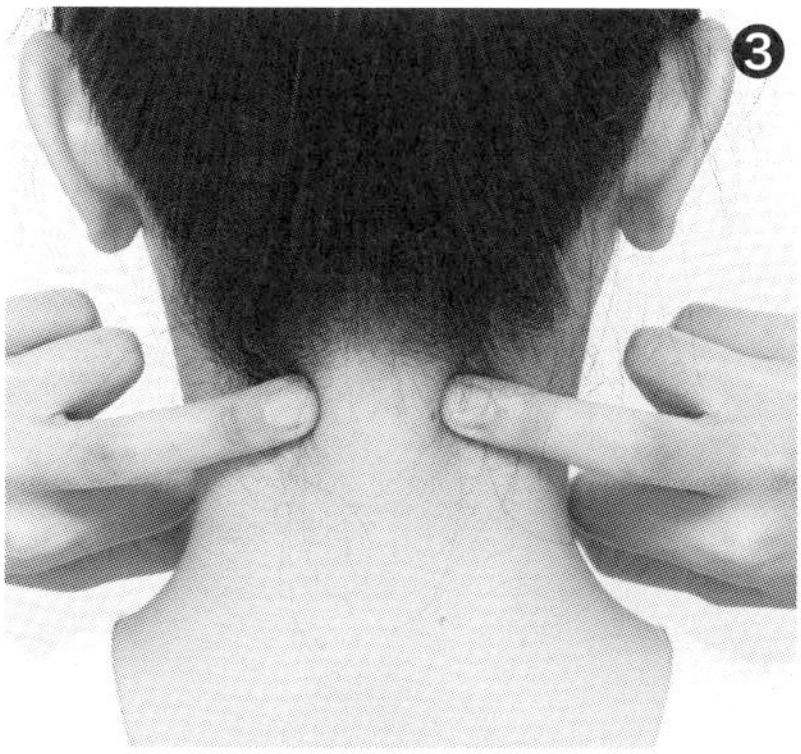

❸ **頭つけ根美点3**

さらにすぐ横、太くかたい筋肉があるところに中指を置いて押す。これも頭を少し後ろに反らせると、より頭の重みで効果の上がる刺激を与えられる。

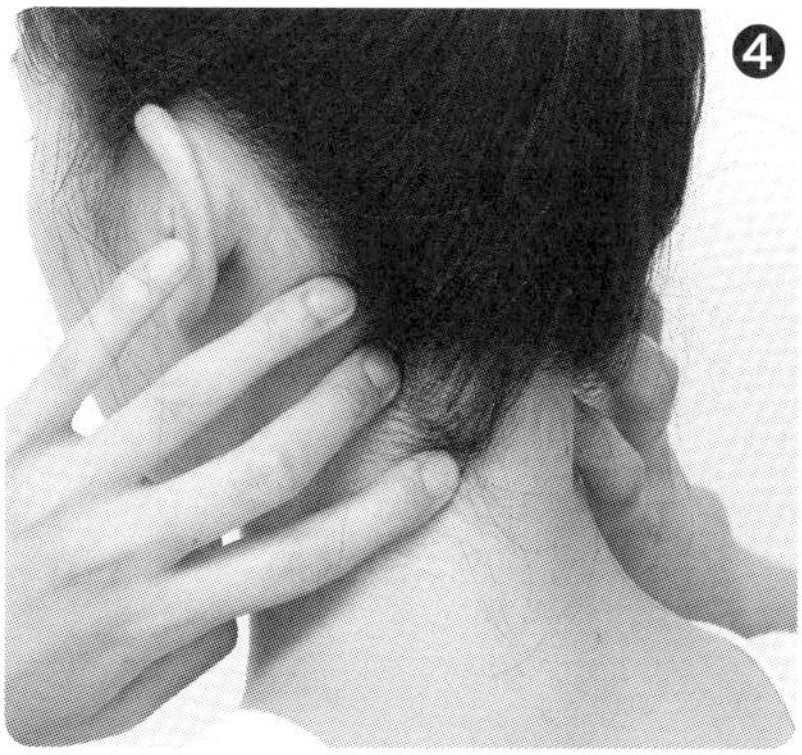

❹ **頭つけ根美点4**

３の太い筋肉から少し横、耳に近いところに、生え際に沿って人差し指、中指、薬指の３本の指を置く。そのまま頭を後ろに反らせ、頭の重みを利用して押す。

時間がないときの簡単！セルフケア

仕事でパソコンを使う人は、忙しいときほど眼精疲労が重なるものです。時間があれば、美点マッサージで、ゆったりとリラックスしながら眼精疲労解消ができますが、時間がないときも、ぜひすき間を見つけてセルフケアしていただきたいと思います。

自宅でゆっくりセルフケアする時間さえない方は、眼精疲労解消のかなめとなる目頭美点、目の上美点、目の下美点、こめかみ美点の4点を押すだけでも疲労の度合いが変わってくるはずです。お風呂上がりにはしっかりできるセルフケアを、あまり時間もないけれど目が疲れたというときは、こちらの簡単セルフケアを軽く行えばよいと思います。特にデスクワークの合い間や電車で移動中のときなどにさっと行うと、眼精疲労の解消と予防になります。

この美点4か所は1押し4秒を目安に、目が疲れたなと思ったら、好きな美点を押してください。目頭、目の上、目の下美点は力を入れずに軽く、こめかみ美点はイタ気持ちいい……少し痛いけれど、それがかえって心地いいくらいの力にします。

簡単！セルフケア① 目頭美点

人差し指で行う。人差し指を、爪があたらないように目頭に置く。そのまま中のほうにスーッと気持ちいい力で押す。爪が伸びている場合は、指を真っ直ぐに入れようとすると爪があたってしまうので、写真のように指を斜めにあてる。指を立てて真っ直ぐに入れなくても効果は上がる（爪をごく短く切っている人は真っ直ぐにあてるとさらによい）。

簡単! セルフケア② 目の上美点

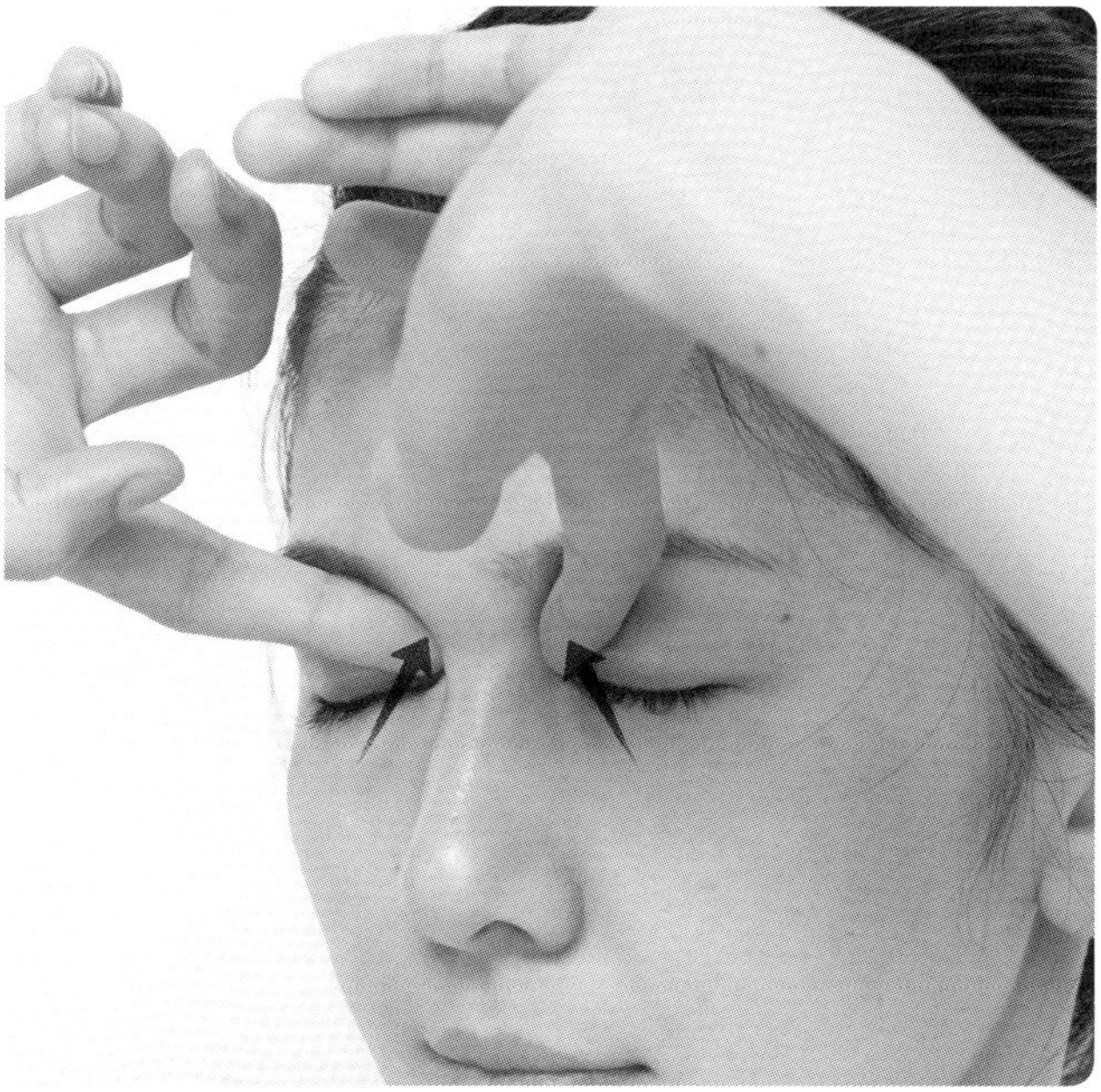

ちょうどアイホールの角に、人差し指の爪があたらないように置く。アイホールのふちの内側の角に、気持ちいいと感じる力で斜め上に押す。

簡単！

セルフケア③ 目の下美点

人差し指を、目の下のアイホールのふちの骨の内へりに沿って、中に気持ちよくスーッとすべらせるように押す。目の下は皮膚が薄いので、強い力ではなく、骨の中にすべっていくような軽い力で行う。

簡単! セルフケア④ こめかみ美点

こめかみの気持ちいいところに人差し指、中指、薬指の３本を置き、気持ちいい場所を直径１センチくらいの円を描くようにしてもむ。何か所か気持ちいいと感じる場所を、同様にしてもむ。

目の輝きを維持する眼筋エクササイズ

長時間、同じ姿勢のままモニターを見つめる仕事をしていると、自然と瞬きの回数が減り、ドライアイが進み、目の奥も重く、場合によっては痛みも出てきます。こういった眼精疲労がひどくなると、首こり、肩こり、頭痛の原因になってしまいます。

また、最近「スマホ老眼」も注視されています。スマホ老眼は、年配の方に現れる現象とは限りません。スマホを長時間使うことで、夕方になると手元が見づらくなる症状は、20〜30代にも多く見られます。朝晩、または仕事の合間に、体を伸ばしてストレッチをするように、目も適度なストレッチをして、目のまわりの筋肉をほぐし、リフレッシュすることが大切です。

紹介するエクササイズはとっても簡単！　一つは眼球を回す、もう一つは遠近を見る、これだけです。動きが悪くなっている眼球の筋肉をほぐし、衰えた筋肉を鍛えてくれます。

ただし眼球運動は、激しく行うと、逆に目を痛めることになりかねません。何事も心地いい程度に行うのが大切です。

眼球を回す

顔が動かないようにあごを手で固定するなどします。眼球を上下左右、そしてグルーっとできるだけゆっくり大きく回します。反対も同様にゆっくり回します。2回を1セットとし、1度に3セットくらい行います。

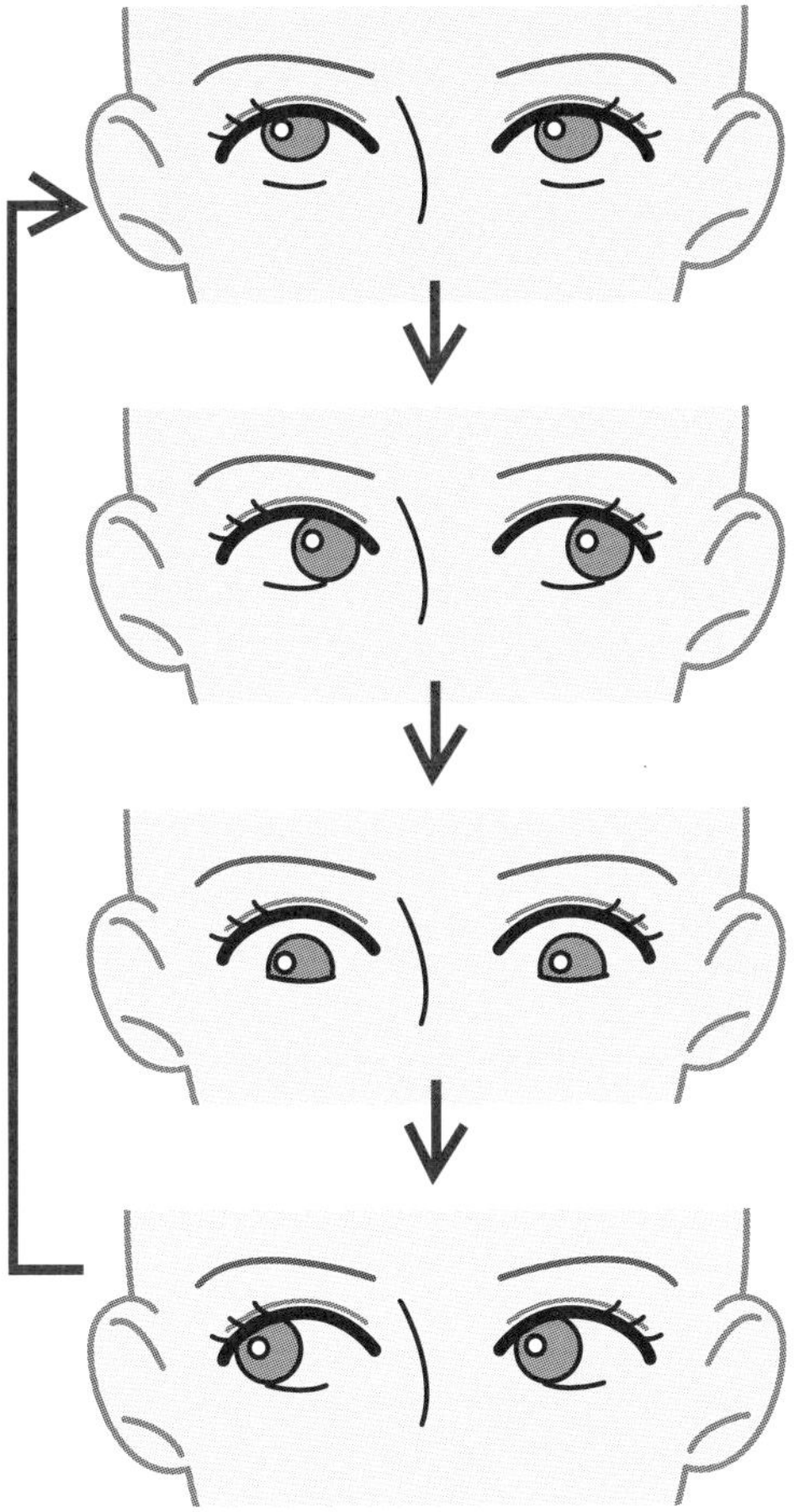

遠くを見る&近くを見る

パソコンやスマホなど、近距離にピントを固定していると、目のピント調節を司る筋肉がこわばり、機器から目を離したときにものが見えにくくなります。ときどき遠くを見るときは筋肉がゆるみ、近くを見るときは筋肉が収縮しています。筋肉をゆるませたり、緊張させたりを繰り返すことで、目のピント調節機能がきちんと働きます。気分転換も兼ね、遠くの景色は長く、近くは短く見て、目の健康にも努めましょう。

窓の外に見えるビルや雲、山など、できるだけ遠くを見ます。次に部屋の中や手元など近くを見ます。遠くを5秒見て、近くを2秒見ることを繰り返します。これを1セットとし、1回に4セットくらい行うとよいでしょう。

遠くを５秒見る

近くを２秒見る

おわりに

私から見れば、日本のエステ、リラクセーション業界は、まだ発展中。これからますます成熟していくと思います。

かつての日本のエステは、「とにかくやせればいい」と、スリミングを主軸にしていました。しかし、時代を重ねるにつれ、それだけではやっていけなくなりました。美白、美肌、小顔……。さまざまな技術や効果の高い化粧品の開発など、美容に携わる人々の努力によって、今や「美容先進国」として欧米の国々を超えるほどになっていると感じています。

今、アジアの目は、日本に向いています。中国もベトナムも、美白や小顔を求めます。美肌効果の高い日本の化粧品にも注目が集まっています。日本人と同じ肌と美意識を持っているのです。だからこそ、これからの美容は、もっと日本がリードしていくべきではないかと思います。そして、この信用を落としてはいけないと思っています。

この世界に入って45年間、のべ19万人のお客様に施術をしてきました。25年くらい前からのべ2万人以上の技術者たちに指導もしてきました。

今や日本だけでなく、世界中のプロたちも、美点マッサージを学んでくださっています。個人レッスンも少なくありません。エステティシャンだけでなく、理美容の先生方や薬剤師、医師も学んでいらっしゃいます。

少子化で、お客様の新規獲得が難しいと感じていた理容師の方も、眼精疲労解消の美点マッサージを取り入れたら、新規顧客も売り上げも何もかも伸びましたとおっしゃってくれました。

美点マッサージは、無理をしなくても、トラブルを起こさず、効果の上がるケア。これは、たくさんの人を施術し、たくさんの人を教えてきた中から生まれたものです。

私のサロンは、開店して40年間、宣伝やチケットの購入なしで、一度も赤字はありません。しかも、毎年少しずつ上がっています。この世界では、宣伝もしないで黒字でいられるのは奇跡といわれます。「そんなのウソだよ、理想だよ」と言われるのですが、実際続けてきているのです。

「こんなにおいしい料理、こんなに素晴らしいサービスで最高！」「うれしい」、さらに、「こんなに手頃な値段でいいの？」。すごく安くはないけれど、自分の小遣いで通える。そんな飲食店なら、何度もリピートしたくなりますよね。

私たちのエステも同じです。「なんとなくいい」ではなく、自分ではできない「感動するケア」、わざわざ行きたくなるケアをする。そして適正価格であること。それが大切だと思っています。

そうすると、無理なセールスをしなくても、お客様は来てくださいます。だから、ケアの実力さえつければいいんです。単純明快なこと。私はそう思います。原理はシンプルなのです。

そういう実力をつけたい人たちが、私のところにどんどん集まってきています。私の美点マッサージは、真面目に頑張ろうとしている人たちに、ぜひ学んでほしいと思います。

私自身も、もっともっと進化したいと思っていますし、もっと教えたいと思っています。


あなたのプロとしての人生が、実りあるものになりますように。そして美点マッサージを通じて、多くのお客様に感謝していただける大切な人財となりますように。

最後までお読みくださり、ありがとうございました。

令和元年12月吉日

田中玲子

田中玲子（たなか　れいこ）

エステティシャン。1979年に東京・下北沢にエステティックサロン「レイ・ビューティースタジオ」設立。サロンケアの技術開発に積極的に取り組み、エステティックマッサージと東洋医学を融合し、「美点マッサージ」を考案。働く女性を中心に、芸能人も通うサロンとして支持を得る。2018年には施術人数のべ19万人を超える。中国をはじめとするアジア諸国の美容業界から招かれてセミナーを開講。日本のセミナーに欧米の技術者が受講に来るなど、美点マッサージの手技は海外でも評価が高い。眼精疲労解消効果のある美点マッサージは、エステ業界に限らず、理美容業界からも注目され、テレビや雑誌などのマスコミでも活躍。著書に『現代美容ツボで真の美しさを造る　美点マッサージ』（小社刊）、『美点ダイエット』（主婦の友社）、DVDでは「効果抜群のプロ向け技術！　かっさ美点フェイシャルマッサージ」（小社刊）など多数。

レイ・ビューティースタジオ　https://rey.co.jp/

眼精疲労解消！　目のまわりの小じわ、たるみ、クマ解消！

田中玲子の美点マッサージで美眼・美顔

2020年2月5日　初版第1刷発行

著　者　田中玲子
発行者　東口 敏郎
発行所　株式会社ＢＡＢジャパン
〒151-0073 東京都渋谷区笹塚1-30-11 4F・5F
TEL: 03-3469-0135　FAX: 03-3469-0162
URL: http://www.bab.co.jp/　E-mail: shop@bab.co.jp
郵便振替00140-7-116767

印刷・製本　中央精版印刷株式会社

ISBN978-4-8142-0264-5　C2077

撮影　熊原美恵
モデル　関千伽子（56〜113ページ）　菊地益美（119〜135ページ）
協力　水原敦子
イラスト　佐藤末摘
デザイン　大口裕子